Mehr Zeit für die Seele

Verena Kast

Mehr Zeit für die Seele

Der Weg zur Lebendigkeit

Patmos Verlag

VERLAGSGRUPPE PATMOS

PATMOS
ESCHBACH
GRÜNEWALD
THORBECKE
SCHWABEN
VER SACRUM

Die Verlagsgruppe
mit Sinn für das Leben

MIX
Papier aus verantwortungsvollen Quellen
FSC
www.fsc.org
FSC® C014496

Klimaneutral
Druckprodukt
ClimatePartner.com/14549-2003-1001

Die Verlagsgruppe Patmos ist sich ihrer Verantwortung gegenüber unserer Umwelt bewusst. Wir folgen dem Prinzip der Nachhaltigkeit und streben den Einklang von wirtschaftlicher Entwicklung, sozialer Sicherheit und Erhaltung unserer natürlichen Lebensgrundlagen an. Näheres zur Nachhaltigkeitsstrategie der Verlagsgruppe Patmos auf unserer Website www.verlagsgruppe-patmos.de/nachhaltig-gut-leben

Bibliografische Information der Deutschen Nationalbibliothek
Die Deutsche Nationalbibliothek verzeichnet diese Publikation in der Deutschen Nationalbibliografie; detaillierte bibliografische Daten sind im Internet über http://dnb.d-nb.de abrufbar.

Verlagsgruppe Patmos in der Schwabenverlag AG, Ostfildern
www.verlagsgruppe-patmos.de
Überarbeitete Neuausgabe des 2013 erschienenen Titels *Seele braucht Zeit.*

Umschlaggestaltung: Finken & Bumiller, Stuttgart
Umschlagabbildung: © Joshua J. Cotten / Unsplash

Gestaltung, Satz und Repro: Schwabenverlag AG, Ostfildern
Druck: GGP Media GmbH, Pößneck
Hergestellt in Deutschland
ISBN 978-3-8436-1416-0

Inhalt

Liebe Leserin, lieber Leser,
gerne informieren wir Sie künftig über unsere Neuerscheinungen. Teilen Sie uns mit, für welche Themen Sie sich interessieren und schicken Sie einfach diese Karte zurück. Wenn Sie außerdem unsere Fragen auf der Rückseite beantworten, helfen Sie uns, zukünftig genau DIE Bücher zu machen, die Sie interessieren!

Darüber hinaus nehmen Sie an unserer **monatlichen Verlosung** teil! Die Gewinnerin/der Gewinner erhält Bücher zu den angekreuzten Themen im Wert von € 50,–

VORNAME / NAME

STRASSE / HAUSNUMMER

PLZ / ORT

Unsere AGBs samt Liefer- und Zahlungsbedingungen finden Sie unter www.verlagsgruppe-patmos.de

An die

VERLAGSGRUPPE PATMOS

Senefelderstraße 12
73760 Ostfildern

Ihre Meinung ist uns wichtig!

DIESE KARTE LAG FOLGENDEM BUCH BEI:

IHRE MEINUNG ZU DIESEM BUCH:

Einen Überblick über unser Gesamtprogramm sowie Beiträge zu vielen spannenden Themen finden Sie unter www.verlagsgruppe-patmos.de

MEINE E-MAIL-ADRESSE:

Ich interessiere mich für folgende Themen:

LEBE GUT

- Psychologie & Lebensgestaltung
- Religion & Spiritualität
- Lifestyle (Essen & Trinken, Garten & Natur)
- Geschenkbücher & Karten
- Kundenmagazin Lebe gut

THEOLOGIE

GESCHICHTE / LANDESKUNDE

Ja, schicken Sie mir zu den angekreuzten Themen Ihren halbjährlichen **Prospekt** mit allen Neuerscheinungen an meine Postadresse

Ja, schicken Sie mir zu den Themen Lebe gut, Theologie und / oder Geschichte / Landeskunde den jeweiligen **Newsletter** mit den aktuellen Neuerscheinungen und Veranstaltungshinweisen an meine E-Mail-Adresse

Vorwort

Wenn wir von der Seele sprechen, sprechen wir vom Lebendigsein. Dieses Lebendigsein ist von einer großen Bedeutung für uns Menschen: Es bewirkt nicht nur ein gutes Lebensgefühl, es bedeutet auch, dass wir die Bedürfnisse unserer Innenwelt wahrnehmen. Grundsätzlich kann man Vorgänge in der Welt unter der Fragestellung beurteilen, ob etwas zu unserer Lebendigkeit beiträgt[1] – eine Fragestellung, die unser Verhältnis zueinander, aber auch zur Natur, zur Wirtschaft neu bewertet. Leben soll lebendig sein.

Deshalb braucht es Zeit für die Seele, Aufmerksamkeit für die Seele. Belebt fühlen wir uns oft: ein freundlicher Blick, der Anblick eines tapferen Kleinkindes, das die Welt erobert, eine wunderschöne Aussicht, ein Gedicht, das uns wieder einfällt, ein Film, der uns ergreift, eine liebevolle, unerwartete Geste. Diese Situationen aber müssen wir in ihrer ganzen Dimension der Gefühle wahrnehmen, sie auskosten, sie imaginativ weiterspinnen.

Woher die Zeit nehmen, wenn wir doch keine haben?

Aufmerksamkeit ist eine kostbare und eine rare Ressource – und deshalb wollen »alle«, will »alles« unsere Aufmerksamkeit. Wir wissen: Aufmerksamkeit ist der »Schmierstoff« in Beziehungen, ist das, was Kinder brauchen, um sich gut entwickeln zu können – sie fehlt uns oft im Erwachsenenleben, wir hätten gerne mehr davon. Aber das Gieren nach Aufmerksamkeit ist auch ein Aspekt der Ökonomie, vor allem der Wachstumsökonomie: Was und wer will nicht alles unsere Aufmerksamkeit! Was sollten wir nicht alles begeistert ansehen, in Betracht ziehen, kaufen, mitmachen, lesen … Überstimulierung scheint ein normaler Zustand in unserem Leben zu sein. Es gibt den Ausdruck FOMO, fear of missing out, die Angst, etwas zu verpassen, und man weiß, es müsste abgelöst werden von NOMO, necessity of missing out, die Notwendigkeit, etwas auszulassen. Es ist die Angst, die uns in dieser Aufmerksamkeitsökonomie festhält, vielleicht gar nicht so sehr die Gier nach immer mehr, sondern die Angst vor immer weniger. Aber die Anstrengung, nichts zu verpassen, beruhigt nicht die Angst. Sich dieser Aufmerksamkeitsökonomie[2] mit ihrer Wachstumsrhetorik zu entziehen hieße, die Aufmerksamkeit auf das zu richten, was uns wirklich wichtig ist, was um uns und in uns ist: auf die Seele, auf die Gegenwart von allem, auf unseren Körper, auf unseren geistigen Raum – und auf den uns enger verbundenen Mitmenschen. Es wäre eine Form der Kontemplation und der Partizipation. Die Frage ist: Wo entziehen wir Aufmerksamkeit und worauf wollen wir sie lenken, wo ziehen wir sie zurück, um sie an einem anderen Ort zu investieren? Sich neu zu entscheiden, worauf man sich fokussieren will, erschafft auch eine neue Realität, erlaubt die Entdeckung von neuen Welten, ermöglicht neue Wege, einen neuen Zugang zu diesem einen Leben, das wir haben. Zeit für die Seele, für die Fantasien und Imaginationen, für die vielfältigen Gefühle.

Dafür braucht es Zeit und Aufmerksamkeit – und der Lohn ist mehr Lebendigkeit.

Dafür, dass dieses Buch, das mir sehr wichtig ist, unter einem etwas veränderten Titel neu aufgelegt wird, bedanke ich mich sehr herzlich beim Patmos Verlag, besonders auch für die wie immer kundige Betreuung durch Christiane Neuen.

St. Gallen, im Februar 2022
Verena Kast

Einleitung

»Seele ist das Lebendige im Menschen, das aus sich selbst Lebende und Lebenverursachende«[3], so C. G. Jung. In diesem Sinne verstehe ich Seele. In diesem Buch will ich, angesichts der Beschleunigung einiger Lebensprozesse in unserer Zeit, dafür plädieren, sich wieder Zeit zu nehmen für das eigentlich Lebendige und Lebenswerte – und dafür, was es heißen kann, in vollem Sinne lebendig zu sein.

Wenn wir von der Seele sprechen, sprechen wir vom Lebendigsein. Und für dieses Lebendigsein müssen wir immer wieder auch etwas tun, brauchen wir Nahrung, etwa, wenn wir weniger lebendig zu werden drohen. Werden wir durch irgendetwas seelisch genährt, dann sprechen wir davon, dass uns etwas belebt, animiert, erfüllt hat, manchmal auch fast ohne unser Zutun. Etwa in alltäglichen Begegnungen: Man lebt so vor sich hin, plötzlich begegnet man einem anderen Menschen, ein Blick, ein Gespräch, nichts Weltbewegendes – und doch spürt man, wie die Lebendigkeit zwischen beiden zunimmt. Man geht weiter und ist anders gestimmt als zuvor, man ist animiert: lebendiger, emotionaler, schwungvoller, mutiger, berührt vom anderen Menschen, berührt von etwas anderem. Animieren kann uns auch ein Buch, eine Geschichte, ein Kunstwerk, Musik, Natur usw.

Die Belebung kann auch von innen kommen: Haben wir einen Traum geträumt, einen sehr schönen, oder einen ganz schrecklichen Traum, der uns nachhaltig beeindruckt und uns vielleicht aus der Bahn wirft, fühlen wir uns belebt. Es mag unangenehm sein – aber es geschieht etwas. Immer wieder einmal denken wir an den Traum, an die Bilder, die in ihm vorkommen. Diese Bilder binden unser Interesse, sie verknüpfen sich mit anderen Bildern, die für uns schon wichtig waren, mit

Erfahrungen im Alltag, mit Gefühlen, vielleicht auch mit quälenden, aber wir sind belebt – und so verstehen wir unser Leben neu, aus einer neuen Perspektive. Wir vermögen einer Situation einen Sinn abzugewinnen, den wir vorher nicht erlebt haben. Der Traum hat uns belebt, hat unser Leben belebt.

Damit kein Missverständnis aufkommt: Mir gefällt es, wenn »es« schnell geht. Vieles an unserer schnelllebigen Zeit finde ich angenehm. Stelle ich mir das Gegenteil vor – alles ginge ganz langsam, würde sich kaum verändern –, so erfüllte mich das mit Gefühlen der Enge. Ich mag aber auch das, was dauert. Am liebsten das, was dauert und sich doch auch verändert, wie etwa das Meer: immer dasselbe, aber doch immer auch anders. Die gleichen Wellen, das gleiche Wasser – aber im Zusammenhang mit Licht und Wetter ein immer wieder anderes Gesicht, immer wieder auch ein anderer Charakter. Ich mag die Rhythmen, in der Musik, im Leben – auch wenn sich immer wieder dasselbe wiederholt. Beides, die Veränderung und die Dauer sind mir wichtig. Aber gerade die Dauer scheint in Gefahr zu sein: Wir Menschen leiden darunter, dass alles immer schneller zu gehen scheint, darüber wird geklagt. Es scheint uns immer zu schnell zu gehen. Verbunden mit der Beschleunigung ist die Forderung nach immer mehr Effektivität, in der äußeren, aber auch in der inneren Welt, immer mehr soll man in der gleichen Zeit erledigen, immer mehr Termine wahrnehmen, oder sich schuldig fühlen, dass man sie verpasst. Psychisch soll man rasch mit Verstörungen zurechtkommen. Und mit der Gemütlichkeit droht auch das Gemüt an den Rand des Lebens gedrängt zu werden. Gelänge das, würde das Leben kälter, die Beziehungen funktionaler – und das wird von vielen auch befürchtet oder schon so erlebt.

Die Balance zwischen den Bedürfnissen der eigenen Innenwelt und den Anforderungen der Außenwelt muss immer wieder neu reguliert werden – das gehört zum Menschen. Und zur Außenwelt gehört heute die Beschleunigung, die Erfahrung, dass sich soziale Situationen sehr rasch verändern, auch innerhalb einer einzigen Generation; das Leiden an der Zeitknappheit – aber auch, dass man sich immer wieder mit technischen Veränderungen auseinandersetzen muss und diesen immer hinterherhinkt. Mir geht es zunächst um die Verschärfung des Lebenstempos.

Der Verlust der Gemütlichkeit

Dass es kein neues Problem ist, auch wenn es uns heute so ausgeprägt zu sein scheint wie noch nie, zeigt das Gedicht von Heinrich Heine, der von 1797–1856 gelebt hat.

Das Herz ist mir bedrückt

Das Herz ist mir bedrückt, und sehnlich
Gedenke ich der alten Zeit;
Die Welt war damals noch so wohnlich,
Und ruhig lebten hin die Leut.

Doch jetzt ist alles wie verschoben,
Das ist ein Drängen! Eine Not!
Gestorben ist der Herrgott oben,
Und unten ist der Teufel tot.

Und alles schaut so grämlich trübe,
So krausverwirrt und morsch und kalt,
Und wäre nicht das bisschen Liebe,
So gäb es nirgends einen Halt.

Heine litt damals schon darunter, dass der Mensch nicht mehr, wie in der Vormoderne, noch mit der Natur lebte und die Sonne zur Zeitgeberin hatte, in einer Zeit, als der Mensch mit der Natur im Einklang war und die Rhythmen der Natur auch die Rhythmen des Lebens bestimmten. Heine litt darunter, dass in der Moderne die mechanische Uhr zum Zeitgeber geworden und damit die getaktete Zeit aufgekommen war. Weiter ging es bei Heine nicht, aber diese getaktete Zeit beklagt er schon, und damit das »Drängen«, die Hetzerei. Die ganze Weltordnung geht ihm dabei verloren, Gott und Teufel tot, die Menschen grämlich, verwirrt und kalt, und nur die Liebe bringt noch ein wenig Halt. Es ist eine Not, schon bei Heine.

In unserer zeitgenössischen Gesellschaft haben wir es nicht nur mit der getakteten Zeit zu tun, wir machen auch vieles gleichzeitig: Es entsteht eine Beschleunigung durch Zeitverdichtung.[4] Natürlich gewinnen wir dabei viel: Wir haben unendlich viele Möglichkeiten, es gibt kaum Grenzen; kurzfristig können wir uns umstellen, neu einstellen, wir haben einen gewissen Wohlstand erreicht, um nur einiges zu nennen. Das bewirkt aber auch Probleme: Wir verlieren den Überblick beim Auswählen, den Sinn für das Verlässliche, die Konzentration lässt nach, Geduld geht leicht verloren. An der Oberfläche geschieht viel. Aber wo sind die Langzeitperspektiven? Wo verpflichten wir uns auf längere Zeit?

Der Zusammenhang zwischen der inneren und der äußeren Natur geht unter Zeitdruck leicht verloren: Der Umgang mit den Gefühlen, die uns mit uns selbst in Kontakt bringen, mit dem Körper, der Psyche, den Mitmenschen, aber auch mit der Welt ganz allgemein, braucht Zeit. »Eigentlich hätte ich mich gefreut an den Frühlingsblumen, aber dann fiel mir ein, dass ich schon wieder eine Deadline – ein sonderbares Wort eigentlich – verpasst habe. Dann ging ich schnell arbeiten. Die Freude war weg – gar nicht erst entstanden. So ist das halt.« So ein 46-jähriger viel beschäftigter Mann, der unter »Gefühlen der Öde« leidet.

Zeiten, in denen wir nicht aktiv sind, in denen wir regenerieren, reflektieren – Zeiten der Muße – müssen aktiv gesucht werden und fallen leicht auch wieder unter das Zeitdiktat des »Schnell«. Schnell wollen wir uns noch etwas erholen.

Natürlich kann man nicht die Zeit zurückdrehen, und auch

wenn wir romantisch angehaucht uns auf die Alp sehnen, ohne Uhr – so ernst ist es uns dabei nicht: Die Vergangenheit zu idealisieren bringt gar nichts. Es geht also darum, worum es schon sehr lang gegangen ist: Es geht darum, dass neben der getakteten, sich überlappenden Zeit auch die rhythmische Zeit, und damit das menschliche Bedürfnis nach Rhythmen, zu ihrem Recht kommt, und das bedeutet vor allem, dass wir uns für gewisse Seiten des Lebens Zeit nehmen, damit wir etwas erleben, woran wir unser Herz hängen können, damit wir uns wieder zu Hause fühlen in unserem Leben.

Reifen braucht Zeit

Wir haben es aber nicht durchgehend mit einem gesteigerten Lebenstempo zu tun. Gewisse Bereiche des Lebens lassen sich nicht beschleunigen.

Wir müssen einen Entschluss fassen – und können das nicht. Der Entschluss ist noch nicht »reif«, sagen wir dann. Damit etwas reifen kann, braucht es Zeit, Reifungsprozesse können nur sehr bedingt beschleunigt werden, und deshalb sprechen wir ja von Prozessen, die eben ihre Zeit brauchen. Was wachsen soll, was reifen soll, was sich entwickeln soll, braucht seine Zeit. Gewiss, man kann bei Entwicklungsschwierigkeiten Probleme aus der Welt schaffen, aber die Entwicklung selber – die braucht ihre Zeit. Und gerade dann, wenn wir ungeduldig auf einen Fortschritt warten, wird uns deutlich, dass alles seine Zeit braucht, auch alles seine Zeit hat. Plötzlich wissen wir, wie wir uns entscheiden müssen, was uns jetzt vordringlich wichtig ist. Und diesen Zeitpunkt konnten wir nicht vorherbestimmen. Wir haben zwar unsere Zeitpläne, und sie scheinen immer mehr zu werden und unseren Alltag zu strukturieren und zu bestimmen, aber vieles hält sich nicht an unsere Zeitpläne. Ich kann meinem Baum nicht vorschreiben, wie viel er wachsen soll in diesem Jahr. Ich kann es mir wünschen.

Dass Seele Zeit braucht, wird auch deutlich, wenn uns etwas aus der Bahn geworfen hat. Wir haben unsere innere Ruhe verloren, fühlen uns nicht bei uns selbst, haben den Eindruck, unsere Mitte verloren zu haben – wir möchten wieder zu uns kommen, wieder mehr in unsere Mitte kommen: Das braucht Zeit.

Wirft uns etwas aus dem seelischen Gleichgewicht, dann brauchen wir Zeit, um wieder einigermaßen in ein Gleichgewicht zu kommen. Wir wissen zwar, dass Zeit nicht alle Wunden heilt – aber es braucht Zeit, damit der Heilungsprozess seinen Gang nehmen kann. Ohne Zeit heilen sie gewiss auch nicht. Werden wir konfrontiert mit einer uns belastenden Lebenssituation, so denken wir zunächst, dass das gar nicht auszuhalten ist. Und wir halten es dennoch aus, wir sprechen darüber, wir nehmen unsere Gefühle wahr, wir reflektieren über die Situation, suchen Lösungen – all das braucht Zeit. Wir können uns wieder neu auf das Leben einlassen, machen neue Erfahrungen. Das Leben kommt auch auf uns zu, es gibt neue Erfahrungen, neue Herausforderungen, die wir mit der Zeit immer mehr auch annehmen können.

So wie ein körperlicher Heilungsprozess Zeit braucht, wie alles, das aus dem Gleichgewicht geraten ist, Zeit braucht, so braucht vor allem die Seele Zeit.

Die Seele braucht aber auch Zeit für das Wahrnehmen von guten Erfahrungen; auch bei schönen Erlebnissen ist die Aufmerksamkeit auf das Empfinden gerichtet, auf die damit verbundenen Erinnerungen, Vernetzungen, Ideen, auf das, was uns bereichert, unsere Gefühle lebendig werden lässt, uns hilft, die Erfahrung in einer glückhaften Weise zu integrieren. Eine wunderschöne Erfahrung ist gemacht worden, man ist begeistert, erfreut – und wir brauchen Zeit, um diesen Gefühlen nachzuspüren; den Erfahrungen, die wir gemacht haben, den Bildern, die sich daraus in unserer Psyche beleben. Wenn uns diese emotionalen, sinnenhaften, existenziell bedeutsamen Erfahrungen wichtig für unsere Lebensqualität sind, wollen wir sie immer wieder neu beleben, aus ihnen so lange es geht eine beglückende Erfahrung machen. Und das braucht Zeit. An diese so emotional, sinnenhaft und kognitiv nachgespürten Erfahrungen kann man sich immer auch erinnern, man kann sie ins Gegenwartsbewusstsein zurückholen, sich zum Beispiel an einer erlebten Freude immer wieder neu erfreuen. Dann fühlen wir uns lebendig, in Beziehung, in Resonanz mit unserer Innenwelt und mit der Welt um uns herum. In den Erinnerungen sind wir daheim – Erinnerungen sind psychische Heimat.

Die Frau, die ihr Heimatland verlassen musste, riecht in einem Schweizer Haushalt beim Kochen Koriander und ruft aus: »Das riecht jetzt wie bei meiner Mutter.« Und dann, ausgelöst durch den Duft, erzählt sie, wie in ihrer Großfamilie miteinander gekocht und gegessen wurde, wenn denn genug Nahrung vorhanden war, wie es jeweils gerochen hat. Und dann sagt sie versonnen: »Der Duft hat mir die Erinnerungen gebracht – und jetzt war ich ein wenig zu Hause, und ihr wart mit mir auch dort.« Es wurde auch deutlich: Sie hatte sich damals viel Zeit genommen, diese sinnlichen Eindrücke aufzunehmen, und das zeigte sich in einer lebendigen Imagination und in genauen Erzählungen.

Aber: Geben wir heute der »Seele« die Zeit, die sie braucht, um diese Erfahrungen aufzunehmen? Wenn darüber diskutiert wird, ob Trauer, die länger als zwei Wochen dauert, bereits als depressive Störung, als Störung überhaupt, diagnostiziert werden soll, dann ist es sehr fraglich, ob wir unserer Seele genug Zeit geben, um mit drastisch veränderten Lebensumständen, mit dem Verlust der wichtigsten Bindungspersonen, umzugehen.[5] Das Leben hat sich total verändert durch einen Verlust, die Psyche ist aufgewühlt, durcheinander, ganz neue Probleme können auftauchen, denen man sich in diesem verwundeten Zustand nicht gewachsen fühlt, und da soll man in zwei Wochen wieder »normal« funktionieren? Früher wurde einem dafür wenigstens ein Trauerjahr zugesprochen. Schnell sollen wir wieder funktionieren. Doch Trauer ist keine Krankheit, es ist eine sinnvolle, normale Reaktion auf einen Verlust und hilft auch, mit diesem Verlust umzugehen. Es ist die Konfrontation mit Tod – einer der wichtigsten existenziellen Erfahrungen. Das Leben mit der Trauer, so, dass man sich dann auch wieder freuen kann, gehört zum Menschsein. In diesen Situationen kann man nicht leugnen, dass man nicht mit Willenskraft zum Alltag übergehen kann, da zeigt es sich, dass man so etwas wie eine Seele hat und dass sie einen großen Einfluss auf unser Leben hat, dass sie auch einen Einfluss auf den Körper hat. In existenziellen Erschütterungen wird uns bewusst, dass wir eine Innenwelt haben, der wir nicht einfach unsere Gesetze und unseren Willen aufzwingen können.

Die Seele hat keine Lobby

Die Innenwelt wird gegenwärtig gering geschätzt. Menschen haben zu funktionieren, erfolgreich zu sein. Können sie etwas nicht, dann haben sie es zu lernen. Fakten sind wichtig, dass etwas, was ist, zusätzlich auch etwas bedeuten könnte, gerät ins Vergessen. Wer krank ist, ist krank – dass hinter einer Krankheit, hinter einer Störung eine existenzielle Problematik stehen könnte, ein Anreiz zu einer Entwicklung, eine Herausforderung, um brachliegende Aspekte der Persönlichkeit zu entwickeln, steht kaum mehr zur Debatte. Schnell soll wieder Normalität hergestellt werden, damit der Mensch wieder leistungsfähig ist. Deshalb stehen auch Kurzzeittherapien höher im Kurs als ein länger andauerndes Erforschen dessen, was im Leben aus dem Ruder gelaufen ist, was verändert werden muss. Das Leben wird unter ökonomischen Gesichtspunkten betrachtet, Betriebswirtschaftslehre scheint im Moment die Leitwissenschaft zu sein: Was sich nicht rechnet, ist nichts wert. Natürlich braucht es die Ökonomie, aber so, wie Ernst Fehr das in einem Interview in der NZZ am Sonntag ausdrückte: Die Effizienz des rationalen Marktes allein mache eine Gesellschaft seelenlos. »Der Mensch aber braucht ein warmes Herz und einen kühlen Kopf zugleich.«[6]

Die Seele rechnet sich zunächst einmal nicht. Sie kann aber zu einem bedeutenden Kostenfaktor werden, und zwar dann, wenn die Seele nicht mehr mittut, wenn wir psychisch »nicht mehr mögen«, wenn wir die Lebensfreude verloren haben, unser Körper zudem krank wird, wir an Burnout, an Depressionen leiden. Dann rechnet sich gar nichts mehr. Also doch sich der Seele zuwenden?

Die Seele zeigt sich gegenwärtig äußerlich am Körper: Nicht eine schöne Seele wird gesucht, sondern ein schöner Körper – und durchaus auch ein gestählter Körper, ein fitter Körper. Dagegen ist nichts einzuwenden, wenn die Seele auch ihren Platz und ihre Berechtigung behält. Der Sinn des Lebens kann durchaus in einem schönen Körper erlebt werden – und dennoch ist diese Sinnerfahrung, wäre sie die einzig zugängliche, schmal: Sinnerfahrungen müssen zum Beispiel auch für das höhere Alter tauglich sein. Das schafft der schöne, erprobte Körper alleine dann doch nicht.

Natürlich gibt es die Innenwelt – auch heute. Wenn Menschen lieben, dann erleben sie ein reiches Innenleben, sind angeregt. Voll Fantasie, voll Imagination denken sie an den geliebten Menschen. Werden diese geliebten Menschen verloren, durch Tod, durch Trennung oder einfach dadurch, dass sie sich anderen Menschen mehr zuwenden, dann leiden wir unter »seelischen Schmerzen«, die den körperlichen Schmerzen in nichts nachstehen. Und nicht selten wissen Menschen nicht, wie sie mit diesen Schmerzen umgehen können, wie sie mit ihrer wunden, desorientierten Seele umgehen können. Zwar fühlen sie sich lebendig in ihrem Schmerz, empfinden ihn aber als sinnlos – und können nicht zu einem Sinn finden.

Aber wir wissen, dass auch die Liebesbeziehungen sich unter

der Hand in Geschäftsbeziehungen verwandeln können. Das gilt nicht erst seit heute. Darauf wird heute aber das Augenmerk gelegt: Da geht es schon in den Anfängen um Angebot und Nachfrage, und das Begehren nimmt die Eigenschaften des ökonomischen Austauschs an, wie Eva Illouz ausführt.[7] Sie sieht das Problem so: »Einerseits sind Emotionalität, Liebe und Romantik merklich erkaltet. Andererseits ist die Liebe in so vielen Hinsichten [...] unverzichtbarer für die Bestimmung unseres Selbstwerts als jemals zuvor.«[8] Nicht nur für die Bestimmung des Selbstwerts, sondern auch für die eigene Identität, für den Austausch, für die Resonanz aufeinander, für eine Geborgenheit in der Beziehung. Herrscht also auch am Ort, wo Wärme sein sollte, zunehmend Kälte?

Die Seele zeigt sich außer in der Liebe heute vor allem in mannigfachen Befürchtungen, in Ängsten, in Verstimmungen, in Depressionen, in der »Burnout«-Erfahrung. Die Psyche macht sich in Störungen bemerkbar. Was stört, ist psychodynamisch gesehen in der aktuellen Situation zu wenig beachtet worden. Es wurde vergessen, ging verloren, würde aber im Sinne einer Selbstregulation dazugehören. Das bedeutet, dass es sinnvoll wäre, der Seele wieder mehr Aufmerksamkeit zu geben. Es geht mir dabei nicht um eine grundsätzliche Kritik am modernen Leben, es geht mir vielmehr darum, mich auch im modernen Leben um die Seele zu kümmern – und damit auch anderen Menschen einen Anreiz zu geben, sich wieder mehr um die Seele zu kümmern.

Es geht mir um die Lebendigkeit des Menschen, und, obwohl wir eine Seele nie allein erleben, sondern immer nur in Verbindung mit einem Körper, geht es mir vordringlich darum, dass die Innenperspektive des Lebens nicht verloren geht. Es geht mir um eine Kultivierung der Innenwelt, in Verbindung zu den Mitmenschen und zur Welt als ganzer. Es geht mir aber auch um die Verbindung von innen und außen, um ein Gleichgewicht. Große Einseitigkeiten bewirken Schieflagen – und Schieflagen befördern Rutschpartien.

Die Sorge um die Seele ist nicht neu. Schon Nietzsche schrieb in seinem Zarathustra (1883–1885): »Sinn und Sehnsucht weichen Lust und Vergnügen.« Hierin liegt bereits eine Kritik: Menschen genießen das Leben, aber dem inneren Leben, dem geistig-seelischen Leben wenden sie den Rücken zu. Also immer dasselbe? Sind Menschen einfach so?

Wenn heute Sorge um die Seele geäußert oder gar eine gewisse Seelenlosigkeit beklagt wird, im Sinne des Verlusts der inneren Lebendigkeit, der Fähigkeit, in Resonanz mit der Welt mitzuschwingen, dann wird der Grund dafür häufig zum einen in der Beschleunigung gesehen – und das hat auch eine gewisse Stimmigkeit, denn Seele braucht Zeit –, aber auch in der Ökonomisierung. So schreibt Hartmut Rosa, man könne sich infolge der Beschleunigung den Dingen nicht mehr »anverwandeln«: »Wir haben keine identitätsberührende, sondern nur noch eine instrumentelle Beziehung zu ihnen.«[9] Resonanz tut not.

Die Sorge um die Seele ist ein Menschheitsthema – immer wieder neu muss man sich mit ihr befassen. Beschleunigung ist dabei sicher ein Thema, war aber auch schon länger ein Thema: Der Schock der Geschwindigkeit begann mit der Erfindung und dem Betrieb der Eisenbahn – so schnell konnte kein Mensch mehr laufen! Dennoch: Die heutige Ökonomisierung, verbunden mit der Beschleunigung, mit dem Gefühl des Gehetztseins, beschleunigt möglicherweise auch die Abkehr von der Innenwelt. Was zunehmend fehlt, ist die Muße, ist aber auch grundsätzlich das Verweilen bei den Dingen, der Versuch, Erlebnisse in Erfahrungen zu transformieren und sie so als innere Erlebnisse zugänglich zu haben, auf die auch immer wieder einmal rekurriert werden kann, als ein Erinnerungsschatz, als Wegmarken der Entwicklung der autobiografischen Identität, bis ins hohe Alter. Mir geht es um das warme Herz, darum, dass ein Bewusstsein dafür erhalten bleibt, dass ein

Fundus an innerem, emotionalem, schöpferischem Leben anzulegen wichtig ist, auf den als »Heimat« zurückgegriffen werden kann. Das würde auch die menschlichen Beziehungen bereichern.

Seele und Sinne

Wir nehmen die Welt mit all unseren Sinnen wahr. Wir sind ganze Menschen – wir denken nicht nur, wir reflektieren nicht nur, sondern wir nehmen die Mitmenschen, die Welt um uns herum, uns selbst in der Welt wahr und erleben uns auch als ein Teil davon. Sinnenhaft können wir die Welt erleben, sie sehen, riechen, schmecken, hören, spüren, uns von ihr bewegen lassen, äußerlich und auch innerlich. Wenn wir Schönheit erleben, sind wir gepackt von dieser Schönheit und fühlen uns in dieser Situation mit ihr verbunden: mit der Natur, der Kultur, mit anderen Menschen, vielleicht auch mit dem Leben als Ganzem, mit dem wir in diesem Moment mehr als einverstanden sind, von dem wir überwältigt sind. Wir spüren uns verändert in unserer Identität, fühlen uns reicher, verbundener mit allem, und aus diesem beglückten veränderten Erleben heraus nehmen wir auch die Welt noch einmal anders wahr: Wir sehen, was uns freut. Wir verdanken dieses Erleben den Sinnen und der damit verbundenen Vorstellungskraft, mit den verschiedenen Emotionen. Sinnenhafte Erfahrungen, Erfahrungen mit den Sinnen, sind auch nahe bei den Sinnerfahrungen. In solchen Situationen erleben wir das Leben als sinn-voll. Erfahrung mit den Sinnen und Sinnerfahrung haben einen Zusammenhang. Das althochdeutsche Wort »sinnan« für Sinnerfahrung, heißt »fahren«, »erfahren«, und über das sinnliche Erfahren hinaus können wir Sinn erleben.[10]

Nehmen wir die Welt mit allen Sinnen wahr, dann sind wir unmittelbar da, wo das Leben gerade stattfindet, in einem bestimmten Raum, zu einer bestimmten Zeit. Wir sind bei uns in Beziehung zur Welt. Wir sind Menschen, wie Menschen schon immer waren: Wir nehmen das Leben mit allen Sinnen wahr, gewinnen dadurch auch eine erotische Beziehung zur Welt, zu den Mitmenschen. Gerade wenn wir unsere Mitmenschen in der Liebe sinnenhaft wahrnehmen, wenn wir uns sinnlich angezogen fühlen, dann spüren wir, wie die Sinne Verbindung schaffen mit anderen Menschen, der Natur, dem Kosmos. Die Sinne verbinden uns zugleich mit der äußeren Welt und der inneren Welt. Erfahrungen mit den Sinnen sind leibliche Erfahrungen, die aber weit über das Leibliche hinausgehen. Sie sind zugleich Erfahrungen der »Seele« als dem eigentlich Lebendigen. Erfahrungen mit den Sinnen brauchen jeweils ihre Zeit. Am stärksten erleben wir das in der Liebesbegegnung. Wenn es in ihr zu schnell geht, gelingt sie eben nicht. Wir verfehlen uns, weil wir uns nicht auf unsere aufkommenden Gefühle in ihrem Tempo einlassen, sondern der Begierde nachhetzen, anstatt ihr nachzuspüren.

Nehmen wir uns Zeit, dann nehmen wir nicht nur etwas mit allen unseren Sinnen wahr – auch vergleichbare Situationen fallen uns ein und werden in unserer Fantasie imaginativ vorgestellt. Oder aber: Wir wollen uns eine Erfahrung so lange wie möglich präsent halten, weil sie uns beglückt, weil sie uns belebt: zum Beispiel eine Stimmung über einer Landschaft mit einer Lichtqualität, die uns als »atemberaubend schön« erscheint, die wir in unserer Erinnerung speichern, damit wir sie uns jederzeit wieder in Erinnerung rufen können.

Der konkreten Sinneserfahrung steht eine mögliche Enteignung der Sinne gegenüber. Enteignen wir die Sinne, dann bleiben sie uns zwar so, dass wir uns damit in der Welt orientieren können, aber sie bringen uns keinen Genuss. Sie sollen uns erlauben zu funktionieren, aber die Verbindung mit innerem Erleben, mit einem vertieften Erleben der Welt, ist nicht gefragt. Es geht dann vielleicht schneller, aber wir machen keine tieferen Erfahrungen mehr, wir verbandeln uns nicht mehr mit der Welt. Unsere leiblichen Zustände spielen dann nur noch eine geringfügige Rolle. Wie sehr wir unsere Sinne, nicht zuletzt unter dem Diktat der Zeit, gering schätzen, zeigt sich dann darin, dass wir emotional bedeutsame Erfahrungen als Informationen statt als Erzählungen weitergeben und sie damit gefühlsmäßig entleeren. Enteignung der Sinne heißt aber auch, dass wir unsere Sinne nicht mehr wahrnehmen, sie auch nicht mehr einüben. Unsere Mahlzeiten können ein Fest für unsere Sinne sein – oder eben auch nicht. Wenn wir gedankenlos schnell etwas essen, ohne es wirklich zu schmecken, weil wir in Gedanken an einem ganz anderen Ort sind, haben wir etwas verpasst. Ein sinnenhaftes Dasein wäre ein bereicherndes – das Leben findet dann wirklich da statt, wo wir sind, und nicht dort, wo wir nicht sind. Und es sind kleine Freuden, die letztlich die alltägliche Lebensqualität ausmachen und die bewirken, dass wir mit der Welt mitschwingen. Etwa der erste frisch gestochene Spargel, nach einer langen Zeit ohne Spargel!

Resonanz: in Beziehung sein

Resonanz heißt: zurück-tönen. Töne sind Schwingungen, deshalb meint zurück-tönen auch, dass sich Schwingungen einander vermitteln, dass es dazu kommt, dass man sich gegenseitig in Schwingung versetzen kann. Etwas, das wir in der Welt wahrgenommen haben, Musik zum Beispiel, beschwingt uns, belebt uns, wir sind lebendiger als zuvor, emotionaler, schwungvoller – Erinnerungen tauchen auf, Sehnsüchte, Fantasien. Für einen Moment sind wir berührt von etwas, können uns eins fühlen mit diesem uns Berührenden. Und das gilt für alles, was wir mit den Sinnen wahrnehmen können, also für die ganze Welt: für die Mitmenschen, die Natur, Kunst, für Geschichten, Filme. Wir sind dann animiert, »beseelt«, wenn wir uns die Zeit dafür nehmen. Auch unsere Innenwelt kann einen ähnlichen Einfluss auf unser Erleben haben: Wir träumen von einer geheimnisvollen Katze. Das Traumbild beschäftigt uns. Was will denn diese geheimnisvolle Katze in unserem Seelenleben? Nachbars Katze auf dem Dach gewinnt nun plötzlich eine ganz andere Aufmerksamkeit: Natürlich ist sie nicht die Katze im Traum, aber unsere Gedanken verbinden sich mit ihr, der an sich nicht geheimnisvollen Katze. Katzen sind ein Thema, werden mit Gefühlen verbunden, mit der Fantasiewelt, der Welt der Symbole.

Ganz besonders deutlich wird uns die Bedeutung der Resonanz für unser Seelenleben in den menschlichen Beziehungen, insbesondere in den Liebesbeziehungen oder auch in lange gelebten Freundschaften. Im Zustand der Verliebtheit erleben wir wohl am ehesten, was es heißt, in Resonanz zu einem anderen Menschen zu sein, mit ihm mitzuschwingen. Alles im anderen wird wahrgenommen, ist interessant, wird von der eigenen Person beantwortet, nicht nur im Erleben, sondern auch im Ausdruck. Dieses beglückende voneinander Angesprochensein, das tiefe Mitschwingen mit einem anderen Menschen in der gleichen Emotionalität – so erlebt man es zumindest –, macht das Verliebtsein aus und gibt das Gefühl des Einsseins mit dem anderen – und manchmal weitet sich dieses Einssein noch auf die ganz Welt aus. Man könnte dann die ganze Welt umarmen – eigentlich ein mystischer Zustand.

Da man die andere Person ja eigentlich noch nicht kennt, spielen die Vorstellungen, die Fantasien eine große Rolle. Nicht nur der andere reale Mensch in seiner ganzen Körperlichkeit zieht uns an, sondern auch die Fantasien, die wir uns von ihm oder von ihr, aber auch von unserem Zusammensein, machen und die durchaus auch wieder auf den uns faszinierenden Menschen zurückwirken. Wenn wir in einem Menschen seine besten Möglichkeiten sehen, wir einen anderen Menschen in einer großen Offenheit seiner oder ihrer möglichen Entwicklungen wahrnehmen, dann kann sich der geliebte Mensch in Resonanz darauf auch in diese Richtung entwickeln.[11] Liebe kann Menschen verwandeln. Im Zustand der Verliebtheit sind die Fantasien auf die Potenziale hin offen. Im Zuge der Entwicklung einer Beziehung kann dann die Realität des Alltags die Offenheit der idealisierenden Resonanz beeinträchtigen. Im besten Fall zu einer liebevollen, realistischeren Einschätzung, die auch den Schatten[12] des geliebten Menschen ertragen kann, im schlechteren Fall zu einer groben Verengung und damit einer Enttäuschung. Man hat sich getäuscht.

Dauert eine Beziehung zwischen zwei Menschen, die sich aufeinander eingelassen haben, an, dann entwickelt sich aus diesem ständigen In-Resonanz-Sein ein Beziehungsselbst.

Das Beziehungsselbst

Das Beziehungsselbst ist ein Selbst, das zwischen zwei Menschen entsteht, die sich aufeinander einlassen: Es ist die Verinnerlichung der Dynamik einer gelebten, engagierten Beziehung. Dieses Beziehungsselbst wird durch die gelebte Ich-Du-Beziehung geformt, durch die Begegnung; es entsteht in der Resonanz aufeinander und auch in den täglichen Werken, in dem, was man miteinander gestaltet und aufbaut. Resonanz bedeutet, dass man einander wahrnimmt, gegenseitig aufeinander einwirkt und dadurch auch immer wieder in der eigenen Identität versichert oder auch in Frage gestellt wird. Da freut sich jemand an mir oder findet mich gerade ätzend – und man muss darauf reagieren, reagiert auch emotional mit den damit verbundenen Vorstellungen und ändert entsprechend die Haltung oder das Verhalten. Oder aber man ändert es gerade nicht, leistet Widerstand, weil man spürt, dass es so sein muss. Die eigene Identität – gespiegelt im Du – wird sichtbar. Aber nicht nur gespiegelt, sondern immer auch mitbewegt, mitgeformt: »Ich werde; Ich werdend spreche ich Du. Alles wirkliche Leben ist Begegnung«[13], so Martin Buber. Am Du zum Ich werden, wenn wir es denn zulassen, immer wieder neu, wenn wir in einer begegnenden Beziehung stehen, und das heißt, wenn wir auch in Resonanz zueinander sind, wenn der andere Mensch nicht zu einem »Objekt« wird, die Beziehung nicht zu einer ausschließlichen »Ich-Es-Beziehung«, wie Buber sie nennt. In Resonanz werden wir in unserer jeweiligen Identität versichert, in unserer spezifischen Entwicklung. Damit verbunden ist eine wechselseitige Belebung von Persönlichkeitsanteilen im Verlauf der Zeit.[14] Dieses Beziehungsselbst ist immer im Werden, verändert sich mit der Zeit und mit der Beziehung. Beide Beteiligten erleben dieses Beziehungsselbst aus der je eigenen Perspektive, auch wenn es als »gemeinsam« erlebt wird. In der Begegnung mit dem Du spielen auch Projektionen eine Rolle: Alle Liebesbeziehungen, die man jemals erlebt hat, von Kindesalter an, werden auch auf dieses Du projiziert. Für Buber ist im Du auch das »absolute Du« enthalten.

Aber auch in der Liebesbeziehung, und das ist ebenfalls ein Aspekt des Beziehungsselbst, gibt es die »Ich-Es-Beziehung«:

Wenn wir nicht in dieser Resonanz sind, wird das Du zu einem Es, kann aber »durch Eintritt in den Beziehungsvorgang zu einem Du werden«[15]. Es gibt die gestaltbare und gestaltete Welt aus der Beziehung heraus, mit der umgegangen werden kann und muss; Buber nennt sie die »Eswelt«[16], die sich in Raum und Zeit ereignet. Zu einem Beziehungsselbst gehören aber immer auch wieder die »Du-Momente«. »Die Du-Momente erscheinen in dieser festen und zuträglichen Chronik als wunderliche lyrisch-dramatische Episoden, von einem verführenden Zauber wohl [...].«[17]

Zum Beziehungsselbst als der gestalteten Ich-Es-Beziehung gehört der miteinander bewältigte Alltag, gehören die geteilten Interessen, Werke, die man vollbracht hat, vollbringt und noch vollbringen möchte. Diese »Werke« können Kinder sein, Unternehmungen, die wir miteinander gestaltet haben, indem wir einander angeregt, aufgeregt, herausgefordert und in der Folge etwas auch realisiert haben. In den meisten Beziehungen werden Dinge möglich, die alleine nicht möglich geworden wären – andererseits liegen auch gewisse Möglichkeiten brach. Da beide der aufeinander Bezogenen am Beziehungsselbst Anteil haben, erleben sie es, auch wenn sie es jeweils aus der eigenen Perspektive erleben, als etwas Gemeinsames: Man hat Anteil am anderen Menschen, der andere Mensch hat Anteil an einem selbst. Man hat einiges vom anderen übernommen, man hat sich auch etwas angeglichen, der andere hat auch etwas übernommen. Man hat Anteil aneinander, und dieser Anteil verwandelt sich auch immer, wenn die Beziehung lebendig bleibt. Allerdings können auch Projektionen, Fantasien, wie man denn den anderen sieht, über Jahre hinweg unverändert bleiben. Da nimmt man lange Zeit nicht wirklich wahr, wofür sich der Partner oder die Partnerin wirklich interessiert – man hat die eigenen Interessen projiziert –, und dieser Wahrnehmung hat der oder die andere nicht wirklich widersprochen. Erst wenn dieses Beziehungsselbst nicht mehr weiterentwickelt werden kann, etwa beim Tod eines Partners, einer Partnerin, oder aber auch bei einer Trennung, wird bewusst, was dieses Beziehungsselbst überhaupt war, aber auch, dass es zu einem Abschluss gekommen ist. Es kann mit diesem Menschen nicht mehr weiterentwickelt werden und wesentliche Aspekte der Identität, die dieses Beziehungsselbst abbilden, werden in Frage gestellt.

Zu diesem Beziehungsselbst gehören auf einer mehr unbewussten Ebene aber nicht nur Projektion und Delegation, sondern auch persönliche Eigenheiten und Entwicklungen, die durch die Beziehung ineinander geweckt und durch die gegenseitige Resonanz auseinander herausgeliebt worden sind.[18] Dieser Aspekt des Beziehungsselbst ist in der Verliebtheit begründet, in der Phase, in der man die idealen Lebensmöglichkeiten ineinander und in eine mögliche Zukunft hineinsieht – die Vision für das Beziehungsselbst. Auch wenn vieles idealisiert wird, es werden Entwicklungsmöglichkeiten erahnt, die durch die gemeinsame Beziehung teilweise realisiert werden können. Natürlich werden im Laufe der Beziehung auch Eigenheiten belebt, »herausgezwängt«, die man als weniger positiv erachtet: etwa die Frau, die ihr Vertrauen verliert, weil sie immer wieder belogen worden ist. Im Beziehungsselbst schlagen sich natürlich auch schwierige Wechselwirkungen nieder. Und natürlich gibt es auch in einer engen Beziehung Selbstanteile, die durch die Beziehung nur wenig oder nicht beeinflusst sind.

Die Resonanz, die die Basis für das Beziehungsselbst ist, zeigt sich nicht nur in zauberhaften Begegnungen, sondern auch in Gesprächen, in denen man einander wirklich etwas erzählt, in denen in Resonanz auf das Erzählte eigene Einfälle auftauchen, sodass etwas Gemeinsames entsteht. In diesen Gesprächen, die auf einer Verbundenheit über das Unbewusste beruhen, zeigt sich, wie beide jeweils die Welt erleben, wie dieses Erleben aber auch zusammenklingt.

Wenn wir einander von etwas erzählen, das begeistert, weckt das andere Erfahrungen, als wenn wir einander nur die Erfahrungen mitteilen, in denen wir zu Opfern geworden sind. In letzterem Fall wird das Beziehungsselbst zu einer Institution, in der man sich im besten Fall die Wunden leckt oder aber in Hass und Verbitterung einander beisteht. Nimmt die Ich-Es-Beziehung überhand, dann löst man im Gespräch nur noch Probleme, man spricht nicht mehr wirklich miteinander. Gespräch ereignet sich dort, wo man sich aufeinander einlässt, wo man dem anderen davon erzählt, was einen im Moment emotional wichtig ist. Oft geht es darum, wo die Interessen sind.

Die Entwicklung eines Beziehungsselbst ist für mich ein zentrales Beispiel dafür, was im Menschen entstehen kann, wenn er oder sie sich über die Sinne, über die Sprache in Resonanz begibt zur Welt: Indem man sich auf einen anderen Menschen einlässt, werden eigene Aspekte und die eigene Identität belebt. Man hat aber auch Anteil am anderen Menschen, man weitet sich aus in den anderen und hat gleichzeitig auch Erfahrungen der Einsamkeit, des Getrenntseins. Die Entwicklung eines Beziehungsselbst braucht zum einen eine Beziehung, die dauert, und innerhalb der Beziehung Zeit für Begegnung: nicht nur für die schönen Stunden, in denen wir in harmonischer Resonanz aufeinander reagieren, sondern auch für die Störungen. Wir ärgern uns, das heißt, in der Beziehung ist eine Störung. Nehmen wir uns die Zeit für sie. Es geht vielleicht um eine kleinere Korrektur im Zusammenleben, die Einfluss auf die Entwicklung von unserem Beziehungsselbst hat, auch wenn uns das im Moment nicht bewusst ist. Ärger heißt, dass wir uns in unseren Grenzen nicht respektiert fühlen oder dass es uns nicht erlaubt wird, unsere Grenzen auszuweiten. Das ist in nahen Partnerschaften wichtig: Gerade, weil wir so viel miteinander teilen, muss es auch möglich sein, sich selber auch treu zu bleiben, die eigene Integrität zu verteidigen. Ärgern wir uns, zeigt das, dass die eigene Integrität in Frage gestellt wird. Den Ärger anzusprechen, bevor er zu einer großen Wut wird, hilft, diese Dynamik zwischen dem eigenen Selbst und dem Beziehungsselbst, die immer stattfindet, gelegentlich bewusst zu korrigieren. Dazu braucht es Aufmerksamkeit, dafür braucht es Zeit – und es ist auch sehr hilfreich, wenn die Fantasien, die mit dieser Emotion verbunden sind, wahrgenommen und auch ausgedrückt werden. Dazu braucht es auch Empathie.

Empathie

Resonanz beruht auf Empathie, und Empathie beruht auf Resonanz. Bewusst zu fühlen, was ein anderer Mensch fühlt, nennen wir Empathie. Es gibt allerdings einen erweiterten Empathiebegriff, den ich hier verwende: Empathie meint dann, nicht nur zu fühlen, was ein anderer fühlt, sondern beinhaltet auch Mitgefühl und daraus die Intention, das Leid des anderen zu verringern. Wir Menschen verstehen uns als empathische Wesen. Fehlende Empathie wird angemahnt. Und das zu Recht. Die Verführung, zu einem anderen Menschen nur so lange in Beziehung zu stehen, als er einem für die eigenen Pläne nützt, ist in einer Gesellschaft, die so sehr auf Konkurrenz und Effektivität aus ist, durchaus vorhanden. In Gefahr sind die Beziehungen und damit die Sicht auf den Menschen mit einer Würde; in Gefahr ist das Menschliche. Wollen wir andere Menschen nicht einfach instrumentalisieren, benützen, ausbeuten, sondern wirklich in Beziehung zu ihnen treten, und sie in ihrem jeweiligen Sosein auch würdigen, dann ist Empathie unabdingbar.

Menschen können empathisch sein. Intuitiv spüren wir, was ein anderer Mensch machen wird, wie sich ein Gespräch entwickeln wird, wie sich der andere fühlt. Wir zucken zusammen, wenn er sich die Hand verbrennt, wir lesen Skepsis im Gesicht und im Körper eines anderen, aber auch die helle Freude. Wir können einander emotional verstehen, wir entwickeln Vorstellungen darüber, was im Geist eines anderen vorgeht, und wir können mitfühlen, wir sind empathisch. Wir haben auch die

Fähigkeit, unser Mitgefühl auszudrücken. Wenn dieser Ausdruck authentisch ist, weckt dies Sympathie. Wichtig dabei ist, dass zugleich eine gewisse Distanz aufrechterhalten werden kann, man also nicht befürchten muss, dass das Ausdrücken von Mitgefühl bedeutet, dass man die Grenzen des anderen Menschen nicht respektiert. Die Fähigkeit zur Empathie ist eine große Hilfe im täglichen Umgang miteinander.[19] Wer selber wenig Einfühlung erlebt hat, hat meistens Schwierigkeiten, sich in andere Menschen einzufühlen. Dennoch: Man kann es lernen. Dazu braucht man die Entwicklung der Vorstellungskraft. Man muss sich in den anderen Menschen hineinversetzen und sich vorstellen können, dass der andere Mensch anders ist als wir selber: Er ist zwar gleich als Mensch, aber auch anders. Wenn ich mich an einer Sportart freue, muss sich der andere nicht auch freuen, aber an irgendetwas wird er sich ebenfalls freuen.

Sich eine Vorstellung zu machen von den Absichten und Gefühlen eines anderen Menschen, ist hilfreich, und es gelingt uns auch, wenn wir uns Zeit dafür nehmen. Und es braucht in der Regel sehr wenig Zeit. Wenn Solidarität für uns ein Wert ist, wir in vertrauenswürdigen menschlichen Beziehungen leben wollen, trotz der Schnelllebigkeit, dann ist die Entwicklung von Empathie zentral wichtig. Empathie kann man auch lernen. Wenn wir zum Beispiel Geschichten über andere Menschen und ihr Schicksal lesen, tauchen wir in diese Geschichten ein. Gleichzeitig tauchen wir in unsere eigenen Vorstellungen ein, in unsere eigene Fantasiewelt, die in Resonanz zu diesen Geschichten, die wir lesen, erfahrbar wird. Wir können uns in diese handelnden Personen hineinversetzen, identifizieren uns vielleicht sogar mit ihnen, wir fühlen mit, erschrecken mit, spüren, dass sich etwas Gefährliches anbahnt, das wir zu vermeiden helfen möchten. Je mehr Geschichten wir lesend erfahren, desto mehr Perspektiven auf das menschliche Leben und auf menschliches Handeln haben wir, desto mehr Optionen für das eigene Leben, aber auch desto mehr Möglichkeiten, uns in andere einzufühlen. Kurz: Wir sind empathisch. Voraussetzung ist, dass wir Geschichten so erfahren, dass wir uns auch identifizieren können, und auch das braucht wiederum Zeit.

Empathie mit uns selber

Wir unterscheiden: Es ist nicht selbstverständlich, dass wir unsere Emotionen, die somatisch ablaufen, als Gefühle wahrnehmen und in Sprache fassen, also sie benennen können. Dazu gehört, dass wir Signale wie körperlichen Stress mit heftiger Atmung, Schwitzen, Enge im Hals usw. zum Beispiel als Angst decodieren und auch formulieren können, wovor wir uns aktuell bedroht fühlen. Wenn das gelingt, dann können wir uns mit dem Problem, das die Angst ausgelöst hat, auch auseinandersetzen. Bewusste Gefühle sind bedeutende emotionale und mentale Erfahrungen und helfen uns, uns zu orientieren. Bei einer eindeutigen Angstsituation, in der im Körper das ganze biologische Angstprogramm abläuft, ist es nicht besonders schwierig, diese Angst bewusst wahrzunehmen. Aber was ist, wenn wir nur ein leises Unbehagen in den Gedärmen spüren? Gehen wir darüber hinweg oder nehmen wir uns die Zeit, hinzuspüren, unsere Befindlichkeit wahrzunehmen, Fantasien dazu aufsteigen zu lassen? Vielleicht ist es dieses Mal weniger Angst und eher Scham. Je differenzierter wir lernen, unsere Emotionen wahrzunehmen und in Gefühle zu übersetzen, desto besser können wir mit uns selbst und den anderen Menschen in einer sozialen Situation umgehen.

Ich kann in einer solchen Situation auch Mitgefühl mit mir selber entwickeln: »Wie schwierig, dass du« – und wir sprechen uns hier dann mit »Du« an – »in so einer wichtigen Situation mit so viel Angst reagierst.« In der Regel wissen wir auch, woher diese Überempfindlichkeit kommt. Sie hat meistens mit einem lebensgeschichtlichen Zusammenhang zu tun, mit Erfahrungen von zum Beispiel Lebensbedrohlichem. Wir können die eigene Not so wahrnehmen, wie wir eine fremde Not wahrnehmen – wir können auch von der eigenen Not dermaßen in Beschlag genommen sein, dass wir keine Distanz mehr dazu haben, nur noch schreien oder uns wehleidig darüber beklagen. Gerade die Empathie mit uns selbst würde also eine gewisse Distanz schaffen, die es ermöglicht, eine Beziehung zu sich selbst in dieser schwierigen Situation herzustellen, ohne sich zu zerfleischen. Ich betrachte mich, als ob ich ein mir fremder Mensch wäre – und so, wie ich mit einem anderen Mitgefühl habe, habe ich es auch mit mir selbst, mit meinen Begierden, mit meinen Freuden, mit meinem Kummer.

Die Empathie mit sich selber spielt eine wichtige Rolle beim Blick zurück auf das eigene Leben: Es geht um eine nachträgliche Empathie, die uns in einen Gefühlskontakt mit uns selbst zu einem früheren Zeitpunkt des Lebens bringt, zu dem, was wirklich war. Etwa, wenn uns plötzlich aufgeht, wie wir bestimmte Lebenssituationen, bestimmte Herausforderungen gemeistert haben. Oder wie wir mutig über Jahre hinweg uns mit bestimmten Ängsten konfrontiert haben, den Mut zur Angst gelebt haben. Vielleicht hat das niemand wirklich gesehen. Nachträglich drücken wir uns selber gegenüber Anerkennung aus, bedauern, dass es so schwierig war, sind dankbar, dass wir es so gemacht haben, wie wir es gemacht haben. Oder wir erinnern uns an Sehnsüchte, die uns zu bestimmten Entwicklungen gezogen haben, was wir vielleicht erst im Rückblick auch schätzen können.

Wichtig ist diese empathische Selbstbeziehung mit der dadurch auch möglichen Selbstdistanzierung zum einen für das Spüren und für die freundliche Akzeptanz dessen, was ist, zum anderen aber auch für die Möglichkeit, eine Verstimmung loszulassen. Nehmen wir an, wir sind ganz von einer Sorge besetzt. Stellen wir uns selbst als einen Menschen vor – er darf ruhig eine uns ähnliche Gestalt haben –, der von dieser Sorge besetzt ist. Vielleicht gelingt uns sogar eine bildliche Vorstellung: Eine personifizierte Sorge säße dann auf dem ganzen Körper. Durch diese Vorstellung kann sich Empathie entwickeln: Man möchte diesem Menschen helfen. Das ist bereits ein großer Unterschied zu einer Selbstkonfrontation ohne Empathie: Man zerfleischt sich nicht, man sieht, was ist – und entweder ist es zu akzeptieren, oder aber man kann Abhilfe schaffen. So könnte man etwa der Sorge klarmachen, dass sie eine konkrete Gestalt annehmen könnte: Es wäre keine diffuse Sorge mehr, sondern eine bestimmte.

Während die Emotion eine stereotype Reaktion des Körpers angesichts eines Problems zeigt, ermöglicht das Gefühl und der damit verbundene mentale Zustand, die Reflexion, aber auch die Empathie, dass wir eine kreative Möglichkeit des Umgangs mit dem entsprechenden Problem finden können. Wir können Verbindungen zur Vergangenheit und zur Zukunft herstellen, wir können überlegen, denken, ausprobieren, Imaginationen einbeziehen, und das sowohl in der Beziehung zu uns selber, aber auch zu anderen – wenn wir uns die Zeit dafür nehmen.

Die Seele zeigt sich in den Vorstellungen

Nach Spinoza ist es die Kraft der Seele, mit der Dinge vorgestellt und erinnert werden. Vorstellungen entsprechen also der Kraft der Seele.[20] Die Verbindung von innen und außen, das In-Resonanz-Sein, zeigt sich in den Vorstellungen.

Sinnenhafte Wahrnehmung kann nicht ohne die sie beseelende Vorstellungskraft verstanden werden, die Innen- und Außenwelt verbindet. Menschen können nicht ohne die Vorstellungskraft sein: Unsere Erinnerungen leben davon, unsere Pläne, unsere Wünsche, die Weise, wie wir uns in die Zukunft entwerfen, aber auch unsere gemeinsamen Gespräche, unsere Erzählungen.[21] Wenn wir einander etwas erzählen, rekurrieren wir auf die Vorstellungskraft des anderen: »Stell dir vor, was ich erlebt habe …« Und wenn gut erzählt wird, werden dabei alle Sinne angesprochen.

Kant betrachtete die Einbildungskraft als ein »notwendiges Ingredienz der Wahrnehmung selbst«: »[…] die Einbildungskraft soll nämlich das Mannigfaltige der Anschauung in *ein* Bild bringen.«[22] Die Anschauung verdankt man aber den Sinneswahrnehmungen. Durch die Vorstellungen werden diese zu einer Einheit verarbeitet.

Auch heute gibt es ähnliche Theorien. Damasio[23], ein Neurowissenschaftler, ist der Ansicht, dass das Gehirn ständig eine »Überfülle« von Bildern produziere, ausgelöst durch die Sinneswahrnehmungen, die wiederum weitere Erinnerungen auslösen: Explizite Bilder werden von impliziten Bildern begleitet, die den »Zustand des eigenen Körpers während der Entfaltung all dieser Bilder darstellen«[24]. Diese Bilder werden durch das Gehirn organisiert, wie wenn ein Filmregisseur am Werk wäre. Dabei kann der Mensch bewusst zu einem bestimmten Zeitpunkt jeweils nur auf eine kleine Anzahl von Bildern aufmerksam werden. »Besonders wertvolle Bilder wurden wegen ihrer großen Bedeutung für das Überleben durch emotionale Faktoren ›herausgehoben‹.«[25] Damasio sieht das Bewusstsein im Lebensmanagement als »Nachzügler«[26]. Seine evolutionäre Bedeutung beschreibt er so: »Der Bildverarbeitungsapparat konnte nun durch Reflexion gesteuert werden und dazu dienen, *Situationen gedanklich vorwegzunehmen, mögliche Folgen vorherzusehen, sich in der möglichen Zukunft zu orientieren und praktische Lösungen zu erfinden.*«[27]

Unsere Vorstellungen verbinden Innen- und Außenwelt – im weitesten Sinne – und erlauben uns ganzheitliche Erfahrungen. Die Fantasie als Vorstellung, im Lateinischen *imaginatio* genannt, hat eine lange Geschichte. In seiner Schrift *De Anima* (Von der Seele) spricht Aristoteles vom Sich-Vorstellen und vom Vorstellungsbild. Für ihn ist die Vorstellungskraft die »sinnliche Fähigkeit, bei geschlossenen oder geöffneten Sinnesorganen rein innere Erscheinungen zu haben«[28]. Die Vorstellungen entsprechen aus seiner Sicht den Sinnen. Vorstellungen sind für ihn abgestuft. Zunächst geht es um Erinnerung: Ich erinnere mich an einen Ort, an dem ich zuvor gewesen bin und sehe ihn innerlich vor mir. Solche Erinnerungen können verbunden werden, wie es zum Beispiel in den Träumen geschieht, wenn Symbole verdichtet werden, wenn zum Beispiel eine Stadt, von der ich träume, gleichzeitig auch eine andere ist. Dann spricht Aristoteles davon, dass der Mensch willentlich sich etwas vorstellen kann – sozusagen von innen nach außen.[29] Damit ist der schöpferische Aspekt der Vorstellungskraft angesprochen.

Diese grundlegenden Überlegungen sind immer noch wesentlich für das Verständnis der Vorstellungskraft. Dazu noch einmal Damasio: »Man könnte sagen, dass Vorstellungen die Währungen unseres Geistes sind.«[30] Das heißt aber auch, dass wir uns immer etwas vorstellen. Im Schlaf könnten die Vorstellungen dann als Traum wahrgenommen werden.

Vorstellungen sind nicht ohne die sinnliche Wahrnehmung zu denken. Wir können die Welt in jeder Sinnesqualität wahrnehmen, sie sehen, berühren, riechen, schmecken, hören, sie in unserem Körper spüren mit der kinästhetischen Wahrnehmung. Wollen wir unsere Vorstellungsfähigkeit verbessern, dann ist es hilfreich, sich mit wachen Sinnen in der Natur zu bewegen, die Welt aufmerksam sinnlich wahrzunehmen.

Manche Vorstellungen sind getreue Abbilder der sinnenhaft wahrgenommenen Welt, manche sind mehr durch die Resonanz mit der Innenwelt bestimmt, wie sie sich etwa in den Träumen zeigen, ohne dass sie unmittelbar durch reale Erfahrungen angeregt werden, wohl aber durch das Gesamte der emotionalen Erfahrungen, die Menschen gemacht haben. Sind diese Vorstellungen stark emotional betont, werden sie für uns bedeutsam.

Mit unseren Vorstellungen orientieren wir uns nicht nur in der Welt und über uns selbst in diesen Zusammenhängen, sondern wir versuchen auch, uns beglückende Erfahrungen immer wieder ins Gefühl zu rufen. Stellen wir uns zum Beispiel eine beglückende Liebeserfahrung vor. Sie ist vorüber, und wir versuchen, diese Erfahrung so lange wie möglich in unserer Vorstellung nachklingen zu lassen, sie immer wieder mit allen Sinneskanälen zu wiederholen. Wir spüren etwa noch einen Kuss, eine leise Berührung auf der Haut, die prickelnde Erregung. Dieser Weg von außen nach innen ist von großer Bedeutung: Wir sehen ein Kunstwerk, das uns fasziniert – und unsere Stimmung hat sich verändert. Wir sind »animiert«, belebt, weil sich in unserer Psyche eine Resonanz eingestellt hat, wir sind in Verbindung mit der Außen- und der Innenwelt.

Von außen nach innen – von innen nach außen. Die Vorstellungen verbinden die Innenwelt mit der Außenwelt, sie sind »dazwischen«. Wenn sie als Imaginationen gestaltet werden, sind sie ebenfalls dazwischen. So erlauben sie uns, dass wir zwar bei uns sind, aber dass wir uns auch Vorstellungen vom anderen machen, von seiner Welt, davon, wie er oder sie denkt oder fühlt. Die Vorstellung kann sich aber auch im anderen oder im außen verlieren, wenn man zum Beispiel nur beim anderen ist und nicht bei sich selbst. Sie kann sich aber auch im Inneren verlieren: Der andere ist dann nicht mehr im inneren Blick.

Wenn es darum geht, dass wir uns die Innenwelt in einem lebendigen Kontakt zur Außenwelt erhalten wollen und wir uns in Resonanz und damit in einer uns belebenden Beziehung, die auch unsere Gefühle anspricht, erleben möchten, dann bietet sich das Kultivieren der Imaginationen an – und auch das braucht Zeit.

Vorstellungskraft und Emotion

Bilder und Vorstellungen lösen Emotionen aus, Emotionen können aber auch in Bilder übersetzt werden, die wir uns vorstellen, aber auch darstellen können.

Emotionen werden nach Damasio »durch Bilder von Objekten oder Ereignissen« ausgelöst, »die sich in diesem Augenblick abspielen oder die sich in der Vergangenheit abgespielt haben und nun erinnert werden. [...] Ob diese Bilder ›live‹ erlebt, aus dem Gedächtnis rekonstruiert oder aus dem Nichts in der Fantasie erschaffen werden, sie setzen eine Kette von Ereignissen in Gang.«[31] Unter diesen Ereignissen versteht Damasio Sprache, Bewegungen und Aktivitäten, die sich so äußern, dass der »Lebenszustand« auf mehreren Ebenen des Körpers durcheinandergebracht wird, etwa in Angstkaskaden, die bis ins Immunsystem wirken können.[32] Vorstellungen haben in seiner Sicht einen großen Einfluss auf den Körper und auf unsere Beziehungen zu anderen Menschen und zur Welt.

Die zentrale Wichtigkeit von Imaginationen für den Menschen ist auch einem Zitat von C. G. Jung zu entnehmen: In einem Brief von 1929 schreibt C. G. Jung: »Ich bin tatsächlich überzeugt, daß schöpferische Einbildungskraft das uns einzig zugängliche seelische Urphänomen ist, der eigentliche seelische Wesensgrund, die einzige unmittelbare Wirklichkeit [...].«[33]

Nach Jung werden Emotionen in Bilder, in Symbole, übersetzt, sie werden in unseren Vorstellungen sichtbar. Die Emotionen formen die Imaginationen. In einer psychischen Krisensituation kann es beruhigen, wenn Emotionen in Bilder übersetzt werden können: Das können innere Bilder sein oder auch gemalte Bilder. Es gibt viele Möglichkeiten der Arbeit mit Bildern und an Bildern.[34] Das Vorgehen, das weitgehend alle Techniken bestimmt, die im Rahmen der Jung'schen Therapie angewendet werden, geht auf eine Erfahrung Jungs zurück, die er in seiner Autobiografie *Erinnerungen, Träume, Gedanken*[35] beschrieben hat, und zwar im Zusammenhang mit seiner Auseinandersetzung mit dem Unbewussten: In einem emotional aufgewühlten Zustand konzentrierte er sich auf die Emotion und ließ Bilder aufsteigen. Er schrieb: »In dem Maße, wie es mir gelang, die Emotionen in Bilder zu übersetzen, d. h. diejenigen Bilder zu finden, die sich in ihnen verbargen, trat innere Beruhigung ein. […] Mein Experiment verschaffte mir die Erkenntnis, wie hilfreich es vom therapeutischen Gesichtspunkt aus ist, die hinter den Emotionen liegenden Bilder bewusst zu machen.«[36]

In der anderen Richtung haben Imaginationen auch einen Einfluss auf die Emotionen. Nehmen wir an, wir haben eine Angstvorstellung: Wir fühlen uns verfolgt. Malen wir uns diese Imagination aus, etwa, wenn wir nachts allein durch eine dunkle Straße gehen, dann wird unsere Angst anwachsen, die Imagination ebenfalls bedrohlicher werden. Das gilt natürlich auch für Emotionen, die uns glücklich machen, etwa für die Vorfreude.

Vorfreude – von der Vorstellungskraft bestimmt

In der Vorfreude malen wir uns etwas, das wir uns erhoffen, in den schönsten Farben aus, wenn wir denn die Vorfreude zulassen. Und je mehr wir die Vorfreude zulassen, desto lebendiger wird unsere Imagination.

Die beste Freude ist die Vorfreude, heißt es. Vorfreude lebt in der Zukunft und damit auch ganz und gar in der Vorstellung, sie lebt aber auch von der Vorstellung der Zukunft. Und so ist sie anders als die »normale« Freude, die in einer bestimmten Situation aufbricht und aufleuchtet, in dem jeweiligen Moment wahrgenommen werden muss und die wir dann in der Erinnerung immer wieder neu wiederbeleben können. Die Vorfreude stammt dagegen aus einer Imagination, sie wird genährt aus Sehnsüchten, Wünschen, Erwartungen, wird ggf. etwas gedämpft durch schlechte Erfahrungen. In der Vorfreude sind wir im Erleben der Fantasie bereits dort, wo eine Erwartung erfüllt wird. Der Anlass, der Freude auslösen wird, wird als fast sicher eintretend vorgestellt oder auch richtig herbeifantasiert. Die Vorfreude tritt dann ein, wenn wir fast sicher sind, dass sich ein dringender Wunsch, unsere Sehnsucht, unsere Erwartung erfüllen wird. In der Vorwegnahme von einem Ereignis, von dem wir uns große Freude versprechen, haben wir viele Freiheitsgrade. Wir können uns ein künftiges Ereignis gerade so ausmalen, dass es uns große Freude machen wird. Damit kann die Vorfreude allerdings auch zu einer Quelle großer Enttäuschung werden. Tritt das Erwartete nämlich nicht oder anders ein, als man es sich vorgestellt hat – und das ist meistens so –, dann sind wir enttäuscht, wir empfinden Scham- oder Schuldgefühle, auch Gefühle der Trauer, denn wir haben etwas verloren, was unserem Leben eine Richtung und einen Inhalt gegeben hat, auch wenn es noch nicht realisiert worden ist. Eine unerfüllte Erwartung müsste betrauert werden.

Die Vorfreude ist für Menschen sehr wichtig: In ihr kommt eine Sehnsucht zum Tragen, die uns aus dem Alltag heraushebt, beschwingt, befeuert, ermutigt.

In der Vorfreude nehmen wir eine Situation im Leben, oft auch eine soziale Situation, vorweg, die wir uns weitgehend nach unseren Wünschen und Bedürfnissen vorgestellt haben. An der konkreten Situation wirken dann aber alle Beteiligten mit. In der Vorfreude, die zum Beispiel vom Emotionstheoretiker Izard[37] als »magische Freude« bezeichnet wird, haben wir die Tendenz, die Realität der Mitspieler etwas zu vergessen. Das hat den Vorteil, dass uns bewusst wird, was uns wirklich eine große Freude machen würde, es lässt uns unsere wirklichen Wünsche und Sehnsüchte, aber auch unsere Erwartungen erkennen.

Gelegentlich wird es als weise bezeichnet, die Vorfreude zu kontrollieren, sie nicht zu groß werden zu lassen. Damit will man einer möglichen Enttäuschung zuvorkommen. Die Enttäuschung wäre allerdings dann nicht so groß, wenn uns klar wäre, dass die Vorfreude für sich allein gesehen werden muss, ungeachtet dessen, ob eintrifft, was man sich ausgemalt hat oder nicht. Die Vorfreude kann uns jedenfalls niemand nehmen – sie kann aber auch, falls wirklich etwas wesentlich besser als erwartet ausgeht, nicht nachgeholt werden.

Imagination und Faktizität sind zwei verschiedene Ebenen, auch wenn sie miteinander interagieren. In der Imagination haben wir unendlich viele Möglichkeiten, im realen, faktischen Leben sind es dann nur noch wenige. Die Imagination, wenn sie uns denn frei zugänglich ist, eröffnet uns ein Feld von Möglichkeiten, die uns attraktiv erscheinen.

Emotion orientiert

Wir können so viele Erinnerungen abrufen, dass es Kriterien der Auswahl geben muss für die jeweils spezifischen Erinnerungen. Wir antworten mit unseren Erinnerungen auf Erfahrungen, die wir in der Welt machen, auf Erfahrungen und Erzählungen mit und von anderen Menschen. Unsere Träume, aber auch erzählte Träume von anderen Menschen, wecken Erinnerungen, die nur bedingt etwas mit dem Traum zu tun haben. Wir vernetzen Erfahrungen und aktuelle, vergangene Wünsche – und werden dabei lebendig, denn diese Erinnerungen sind verbunden mit Emotionen. Die Frage ist, ob wir diesen

Erinnerungen genug Raum geben, ob wir sie richtig ins Gefühl kommen lassen oder ob wir sie zu kalten Informationen machen, die bei Nichtgebrauch auch sofort wieder vergessen werden.

Unsere Erinnerungen sind aber auch von unserer jeweils vorherrschenden Emotion abhängig: Sind wir wehmütig gestimmt, werden wir eher wehmütige Erinnerungen haben. Sind wir ärgerlich, fallen uns weitere ärgerliche Erfahrungen ein. Die Gedächtnistheoretiker – zum Beispiel Markowitsch – sprechen in diesem Zusammenhang von »Erinnern entsprechend der momentan vorherrschenden Gemütslage«[38]. Damit bezeichnen sie die in Studien nachgewiesene Erfahrung, dass die vorherrschende Emotion die Erinnerungen »kanalisiert«: Sind wir traurig gestimmt, werden wir eher traurige Episoden aus unserem Leben erinnern oder Episoden, die begründen, warum es angebracht ist, traurig zu sein.

Gedächtnis, Emotion und Vorstellungskraft sind aneinander gekoppelt. Was uns Dauer im Leben erfahrbar macht, was uns ein Gefühl dafür gibt, dass Erfahrungen auch immer eine Bedeutung haben, nicht gleich-gültig sind, erleben wir in unserer Vorstellungskraft. »Seele«, das Lebendige im Menschen, erleben wir vor allem in unseren Emotionen und unseren Gefühlen.

Emotionen stellen Beziehungen her

Emotionen und Gefühle, die wahrgenommenen Emotionen, wie auch die Stimmungen gehören zur biologischen Grundausstattung der Menschen. Emotionen regulieren die Beziehung zu uns selbst, zu den Mitmenschen und zur Welt. Emotionen werden körperlich erlebt – so schnürt die Angst uns etwa den Hals zu, oder eine heiße Wut steigt in uns auf. Emotionen sind oft eine Reaktion zu Situationen mit Mitmenschen und mit der Mitwelt; sie teilen, wenn wir sie denn ausdrücken, diesen auch etwas mit. Auch uns selber wird durch die Emotion und das Gefühl, das wir jetzt gerade erleben, klar, dass sich etwas Besonderes innerhalb der Beziehungen ereignet und dass wir reagieren müssen: Abhilfe schaffen bei Angst und Ärger, glücklich sein, wenn wir uns freuen oder einem Interesse nachgehen.

Nehmen wir das Beispiel des Ärgers: Unvermittelt werden wir ärgerlich. Wir spüren eine aufsteigende Erregung im Körper und verstehen diese als Ärger. Aus der Emotion ist ein benennbares Gefühl geworden. Wir haben Vorstellungen, die diese Emotion begleiten, etwa, dass wir den anderen angreifen müssen, weil er oder sie mir zu nahe kommt. Die Emotion »sagt« mir, dass der andere Mensch über meine Grenze geht, zu nahe ist, meine Grenze geradezu angreift, sich etwas herausnimmt, das ich nicht akzeptieren kann. Ich muss Abhilfe schaffen.[39] Und diese Abhilfe wiederum kann in der direkten Auseinandersetzung mit dem anderen Menschen erfolgen, im klärenden Gespräch, im Streitgespräch, wir können uns aber auch nur in unserer Fantasie wehren, uns rächen, wir können uns körperlich beruhigen, indem wir ruhig atmen, oder mit Vorstellungen, indem wir uns vorstellen, wie wir uns das nächste Mal schadlos halten oder irgendwann so stark sind, dass wir das Problem in Ruhe ansprechen können.

Ärger und vor allem auch der Zorn sind »schnelle« Emotionen, die hochschießen: Sie wahrzunehmen, zu regulieren, das braucht dann auch wieder Zeit.

Emotionen versteht Damasio als ein kompliziertes Bündel von chemischen und neuronalen Reaktionen, die dem Überleben dienen. Sie sind biologisch determiniert, hängen von angeborenen Hirnstrukturen ab, und sie können automatisch in Gang gesetzt werden und dienen der Selbstregulation. Der Körper wiederum dient allen Emotionen als »Theaterbühne«; Emotionen sind aber auch für »tief greifende Veränderungen in der Landschaft des Körpers und des Gehirns verantwortlich«[40]. Diese Veränderungen sind neuronale Muster, denen bestimmte Vorstellungen entsprechen und die dazu führen, dass wir die

Emotionen fühlen, sie bewusst wahrnehmen und benennen können.[41] Wir spüren dann, dass wir Angst haben, dass wir von einer Gefahr ergriffen sind und Abhilfe schaffen müssen. Die kann dann ganz unterschiedlich aussehen: Wir können fliehen, angreifen, Menschen suchen, die uns helfen und beruhigen, und vieles mehr.[42] Emotionen und Gefühle orientieren uns im Umgang mit den Mitmenschen, mit der Welt, aber auch mit unseren Vorstellungen, mit der Innenwelt. So kann jemand mit Angst reagieren, wenn ein großer, rothaariger Mann auftaucht – auch wenn der ganz freundlich ist. Warum? Dieser Mensch ist als Kind von einem großen rothaarigen Mann immer wieder gepeinigt worden. Diese emotional quälende Erinnerung verknüpft sich nun mit neuen Erfahrungen und bewirkt, dass es eben gerade keine neuen Erfahrungen gibt, sondern dass die alten Bilder über die Situation dominieren. Umgekehrt kann uns ein alter Mann mit weißem Bart von vornherein als vertrauenserweckend erscheinen, auch wenn er es dann gar nicht ist, weil er die Erinnerung an einen liebevollen, Vertrauen ausstrahlenden Großvater weckt. Wir haben eine Emotionsgeschichte, die zugleich eine Beziehungsgeschichte ist, eine Geschichte von unzähligen miteinander vernetzten Interaktionen. Es ist auch die Geschichte unserer Seele – und um diese wahrzunehmen, braucht es Zeit.

Zeit haben für Freude

Emotionen gehören wie gesagt zu unserer biologischen Grundausstattung; der Umgang mit ihnen im Laufe des Lebens ist geprägt von der Umgangsweise mit Emotionen in der eigenen Familie, dann aber auch von der Kultur, in der man groß geworden ist. Nehmen wir die Freude: Es gibt Familien, in denen die Freude der Kinder in ihren – auch manchmal etwas lauten Ausprägungen – wertgeschätzt wird; in anderen Familien wird rasch gewarnt, dass nach dem Freudenausbruch die

Enttäuschung oder gar der Schmerz unausweichlich sei. Es gibt Familien, in denen sich mehr heitere Menschen versammeln, in anderen ist Heiterkeit fragwürdig, zu wenig ernst, also nur für kleine Kinder angemessen. Wir können in unserer eigenen Biografie nachprüfen, wie die Kontrolle der Erfahrung von Freude sich im Laufe des Lebens verändert hat. Vielleicht wissen wir noch, wie wir als Kinder unsere Freude hemmungslos in körperlichen Gesten und Bewegungen, in Singen und Jauchzen, vielleicht auch noch lautmalerisch ausgedrückt haben. Im Laufe des Lebens haben wir dann vielleicht immer mehr überlegt, wie wir diese Freude so ausdrücken, dass wir bei anderen nicht als zu kindlich erscheinen, aber auch, dass wir nicht zu viel Neid wecken. Und wie drücken wir heute unsere Freude aus? Sprechen wir über die Freude in einer Weise, dass sie schon gar nicht mehr erlebbar ist, zumindest andere kaum mehr ansteckt? Damit wird aber auch den anderen Menschen – wenn sie denn an der Freude beteiligt waren – nicht mehr unmittelbar überzeugend emotional mitgeteilt, dass sie Anlass zur Freude oder zumindest daran beteiligt waren, dass sie zu einem sehr wichtigen, guten Lebensgefühl beigetragen haben. Aber nicht nur der andere oder die andere bekommt das dann nicht wirklich mit, auch wir selber verinnerlichen diese Situation nicht als freudige – können sie später auch nicht mehr in derselben Intensität in die Erinnerung zurückholen. Wenn wir uns freuen, die Gefühle der Freude auch wirklich wahrnehmen, sind wir einverstanden mit uns selbst und mit der Umwelt. Das Leben ist besser als erwartet, wenn wir uns freuen, schöner als erwartet – wir fühlen uns verbunden mit anderen Menschen, mit der Natur und haben ein so gutes Selbstwertgefühl, dass wir gar nicht darüber nachdenken müssen. Wir gehören dazu, zum Leben, zu den anderen, und aus dem Gefühl der Freude heraus sind wir auch solidarischer mit anderen Menschen, sind wir freundlicher und fühlen uns im Leben geborgen. Wenn wir uns an Erfahrungen erinnern, die Freude ausgelöst haben, können wir diese Freude in der Imagination wieder zurückholen, spüren wir diese Emotionen und Gefühle wieder – und das macht uns lebendig.

Damit wir aber diese Gefühle in der Erinnerung wieder erleben können, müssen wir sie in der aktuellen Situation, die Freude ausgelöst hat, wahrgenommen haben, uns auf sie eingelassen haben, uns Zeit für sie gelassen haben. Damit geben wir diesen Situationen eine besondere Wertung, sie bedeuten etwas, sie geben unserem Leben eine Bedeutung.

Wie wir mit Freude umgehen, ist aber nicht nur eine Folge unserer Lebensgeschichte, unseres privaten Lebens. Später sind es Freundinnen und Freunde, Partnerinnen und Partner, Chefs usw., die auch eine Meinung haben, wie laut etwa gelacht werden darf, und wir passen uns unbewusst an, wir wollen uns nicht schämen müssen, wir wollen dazugehören.

Wie wir mit Freude umgehen, ist darüber hinaus auch eine Frage der Kultur, in der wir leben. Kulturen, in denen wir leben, bestimmen nicht nur zu einem Teil unseren Umgang mit Emotionen, sondern auch die aktuelle Zeitsituation. Es gibt Zeiten, in denen zum Beispiel auch Frauen hemmungslos lachen dürfen, in anderen Zeiten haben sie vornehme Zurückhaltung zu üben. Für die Männer gelten da etwas andere Regeln, es sei denn, sie gehören einer bestimmten Schicht an, in der andere Verhaltensregeln gelten.

Was ich an der Freude exemplifiziert habe, gilt für alle Gefühle. Es ist problematisch, wenn sie überhaupt nicht kontrolliert werden, was bei Angst und Ärger mehr einleuchtet als bei Freude. Es ist aber auch problematisch, wenn sie zu sehr kontrolliert werden und damit ihre Funktion einbüßen: Sie erlauben es uns dann nicht mehr, sie zur eigenen Orientierung zu nutzen und sie auch in Zusammenhang mit inneren Bildern zu bringen, sie erlauben es aber auch den anderen nicht, wirklich in einen lebendigen Kontakt mit uns zu kommen. Und auch wir werden gehindert, mit anderen Menschen, der Welt und den Dingen in einen lebendigen Kontakt zu kommen. Erst wenn wir uns über einen Gegenstand wirklich freuen, haben wir das Gefühl, dass er auch wirklich zu uns gehört, ein Teil unseres Lebens ist, auch bis zu einem gewissen Grad unsere Identität ausmacht. Es ist also nicht gleichgültig, wie wir mit unseren Emotionen umgehen. Dieser Umgang entscheidet wesentlich über unsere Lebendigkeit.

Noch einmal: Emotionen können durch Imaginationen wahrgenommen und dargestellt werden, sie können aber auch durch Imagination verändert werden, und zwar dann, wenn wir uns auf die Imaginationen konzentrieren, also aktiv imaginieren. Gemeinsam ist den meisten Zugängen zur Imagination, dass bei einem mittleren Erregungsniveau – also nicht zu aufregend, nicht zu langweilig – über Bilder und ihre Veränderungen Affekte reguliert, Vorstellungen verändert werden können und dadurch beweglicher werden. Diese Prozesse werden erlebt, gestaltet und reflektiert. Dazu Jung: »Da in der Aktiven Imagination das Material bei wachem Bewußtsein hervorgebracht wird, ist es abgerundeter als bei den Träumen […]; so sind zum Beispiel die Gefühlswerte drin enthalten, und man kann die Abläufe mit dem Gefühl beurteilen. Sehr oft haben die Patienten selber den Eindruck, daß ihr Material nach Sichtbarwerden drängt. […] Oder sie stehen unter einer Emotion, die, wenn sie in eine Form gegossen werden könnte, verständlich würde […] Daher beginnen sie zu zeichnen, zu malen oder ihre Bilder plastisch darzustellen […].«[43]

Es geht bei den Emotionen um Gestalten und um Verstehen, besonders in den Situationen, in denen Menschen unter ihren Affekten leiden, etwa unter Angst, unter Scham, Neid usw. Konzentriert man sich auf den Affekt, wird er zu einer mehr oder weniger deutlichen Vorstellung,[44] die auch dargestellt, etwa gemalt werden kann. Imaginationen bekommen dadurch eine besondere Wirksamkeit: Innere Bilder sind in der äußeren Welt sichtbar, es kann darüber gesprochen werden. Sie gestaltet zu haben, gibt eine Erfahrung von Selbstwirksamkeit: Man ist den Emotionen nicht einfach ausgeliefert, sie können reguliert, dargestellt und verstanden werden. So verstehen wir etwa, dass wir eine »unverhältnismäßige« Angst in einer Situation haben, weil uns eine ähnliche Situation, die für uns schmerzhaft war, noch in den Knochen sitzt; wir verstehen, dass wir mit einem lebensgeschichtlichen Überhang reagieren. So wird auch Sinn erlebbar – und dieser kann akzeptiert oder zurückgewiesen werden. Das Entwickeln von Imaginationen, das Gestalten, hat eine große Wirkung auf die Bewältigung von Problemen, aber auch auf die Entwicklung des Schöpferischen.[45] Dies alles ist seelische Arbeit – und die braucht Aufmerksamkeit und Zeit.

Die Wirkkraft der Vorstellungen

Vorstellungen verändern, bewirken etwas – auch in der konkreten, materiellen Welt. In diesem Zusammenhang finde ich die sogenannte Placebowirkung (Placebo: Ich werde gefallen) besonders interessant, weil hier eine Wirkung der Imagination auf die Materie, auf den Körper nachweisbar ist.

Die Placebowirkung kennt man schon lange, und sie wird immer wieder diskutiert. Jetzt aber können Neurowissenschaftler und Neurowissenschaftlerinnen mit den bildgebenden Verfahren die Placebowirkung im Gehirn zeigen.

Die menschliche Vorstellungskraft, so Fabrizio Benedetti, kann »Mechanismen in Gang bringen, die jenen ähneln, die von Arzneimitteln aktiviert werden«[46]. Die Vorstellungskraft, die Imagination, kann eine Wirkung auf das Gehirn haben, sie kann also biologische Veränderungen im Körper hervorrufen. Die Forschenden sahen im Positronenemissionstomografen (PET), dass ein Placebo die Ausschüttung des Botenstoffs Dopamin im Belohnungszentrum (Nucleus Accumbens), auch Erwartungszentrum genannt, auslöst. Das Belohnungszentrum ist dann aktiv, wenn wir uns auf etwas Schönes freuen, wenn wir etwas Gutes erwarten. Die Menge des ausgeschütteten

Dopamins korrelierte mit der Höhe der Erwartung, die an die Wirkung des Medikaments bestand.

Der Placeboeffekt hängt von der eigenen Erwartung ab, davon, ob wir Vorstellungen aktivieren können, die mit Hoffnung verbunden sind, statt mit Resignation. (Konditionierung könnte zudem einen Einfluss haben.)

Wenn wir von positiven Erwartungen sprechen, dann gibt es natürlich auch die negativen Erwartungsaffekte. Man spricht dann vom »Noceboeffekt« (Nocebo: Ich werde schaden). Norwegische Forscher und Forscherinnen um Gunnhild Oftedal führten eine Studie zum Einfluss des Handys auf Kopfschmerzen durch. In 68 % aller Fälle klagten die Menschen über Beschwerden, ungeachtet dessen, ob die Handys eingeschaltet waren oder nicht. Die Symptome, so Oftedal, seien wohl von »negativen Erwartungen hervorgerufen«[47].

Placebowirkung gibt es nicht bei allen Menschen (20–50 %). Was dabei die Sensitiven von den Nichtsensitiven unterscheidet, ist noch nicht geklärt, auch noch nicht, warum die einen positive Erwartungshaltungen aufbauen können, andere nicht. Auch wirken Placebos nicht bei allen Leiden gleich gut: Besser wirken sie bei jenen Leiden, bei denen die Psyche eine große Rolle spielt, wie etwa Reizdarmsyndrome, Rückenbeschwerden, Schmerzkrankheiten überhaupt, weniger aber zum Beispiel bei Krebs.[48] Es gibt da allerdings sehr widersprüchliche Mitteilungen.

Wichtig an diesen Erkenntnissen ist, dass die Erwartungshaltung eine von der Hoffnung getragene Vorstellung ist. Vorstellungen können verändert werden, sich selbst verändern, und sie können auch Veränderungen im Hirn herbeiführen. Auch Psychotherapie zum Beispiel weckt positive Erwartungshaltungen, insbesondere, wenn der Therapeut von seiner Methode überzeugt ist und deshalb auch auf die Patientin überzeugend wirkt. Und wir wissen: Unter Psychotherapie verändern sich Strukturen im Gehirn, nicht nur Prozesse. Auch wenn wir bloß reden, das Gehirn kann sich dabei verändern.

Unsere Vorstellungen können uns selbst verändern, sie können auch die Welt verändern.

Wechselwirkungen: Wir beeinflussen die Welt – die Welt beeinflusst uns

Wenn wir wirklich in Resonanz sind, sind wir dynamisch emotional verbunden mit Innenwelt und der Welt. Was wir Menschen uns dann einander erzählen, wie wir die Welt beschreiben, was wir davon beschreiben und darstellen – wir können uns ja immer nur auf Ausschnitte und die damit verbundenen Vorstellungen beziehen –, das entscheidet über nichts Geringeres als die Zukunft. Diese Gedanken gibt es heute vor allem im Konstruktionismus. Der amerikanische Konstruktionist Gergen[49] versteht unsere Geschichten als aufeinander bezogene Interaktionen der Menschen. Kultur und Natur sieht er als etwas, das in uns Menschen ist, und wir sind in ihr. Mit unseren Erzählungen, Ideen, Plänen, also mit unseren Imaginationen, bestimmen wir deshalb auch den Fortgang von Natur und Kultur, den Fortgang der Welt, befördern wir auch die mitmenschliche Verbundenheit.

Wenn wir Geschichten erzählen, dass alles es wert ist unterzugehen, werden wir diesen Untergang als Möglichkeit betonen und andere damit beeinflussen. Damit erhöhen wir die Wahrscheinlichkeit der Zerstörung. Wenn wir uns eine Welt vorstellen, in der Geschichten als umständlich und die damit verbundenen Gefühle als »Zeitfresser« gelten, werden wir uns zunehmend von den Gefühlen abspalten und uns trocken informieren. Schaffen wir neue Diagnosen, werden diese Krankheiten entstehen. Schaffen wir eine neue Sicht auf Ressourcen, wird die Wahrscheinlichkeit, dass Ressourcen sichtbar werden, größer. Wenn wir Geschichten des Gelingens sammeln, wie Harald Welzer[50] das mit seinem Projekt »Futurzwei«

macht, steckt die Hoffnung dahinter, dass Menschen angeregt werden, ein anderes Verhalten zu erproben, das ökologischer, nachhaltiger, weniger zerstörerisch ist – angesteckt von Menschen, die das bereits machen, die ihre Lebensgeschichte als eine Erfolgsgeschichte erzählen. Dahinter steckt die Hoffnung, dass wir die Welt verändern können, dass aber bewältigtes Leben auch wieder auf die Menschen zurückwirkt. In diesem Sinne war auch Jung ein Konstruktionist. In seinem Vortrag »Analytische Psychologie und Weltanschauung«[51] von 1927 betreibt Jung das, was wir heute Einstellungsforschung nennen. Die Einstellung zur Welt nennt er Weltanschauung. Diese hat aus seiner Sicht nicht nur Einfluss auf die Welt, sondern auch eine Rückwirkung auf denjenigen, der diese Weltanschauung hat. »Und mit dem Bilde, das der denkende Mensch von der Welt erschafft, verändert er sich selber auch.«[52]

Unsere Vorstellungen sind von großer Wichtigkeit. Mit schöpferischen Imaginationen schaffen wir eine andere Welt, aber auch ein anderes Selbstbild als mit zerstörerischen Emotionen. Die Imaginationen, verbunden mit den Emotionen, verlebendigen die Menschen. Zwar braucht man Zeit dazu – aber prinzipiell ist die Vorstellungskraft den Menschen zugänglich.

Es stellt sich die Frage, in welcher Welt wir leben wollen. Immer schneller, immer mehr? Oder mit mehr Resonanz zur Welt, zu den Mitmenschen? Gesucht werden positiv leitende Ideen und Zielvorstellungen, die man manchmal in den Träumen finden kann, dies aber vor allem dann, wenn man nicht fragt, warum man diesen Traum geträumt hat, sondern, was der Traum von uns will.[53]

Interessant in diesem Zusammenhang sind die narrativen Ansätze, die in der Psychologie seit den 1980er-Jahren auszumachen sind: Geschichten zu erzählen, Geschichten zu schreiben, um die eigene Identität sichtbar zu machen, und zwar so, dass das Leben auch Sinn macht. Es geht also nicht nur um Rückblick, sondern auch um Geschichten, die die Zukunft betreffen. »Briefe aus der Zukunft« heißt ein Projekt, das am

Lebensgeschichten-Labor an der Universität Twente erforscht wird.[54] Die Teilnehmenden werden gebeten, sich eine Situation in der Zukunft, in der sich etwas Positives ereignet hat, möglichst lebendig vorzustellen. Dieses Ereignis sollen sie in einem Brief möglichst in einem Erzählmodus beschreiben. Diese Briefe überraschen die Schreiber und Schreiberinnen: Auch wenn sie meinen, bewusste Ziele formuliert zu haben, entstehen auch überraschende Ziele. Das Schreiben hat diese Menschen in einen kreativen Prozess, der eben nicht vorhersehbar ist, hineinverwickelt. Das Fazit: Die Zukunftsimagination, »sich die Zukunft vorzustellen, scheint eine organisierende und motivierende Wirkung zu haben«[55]. Die Erzählungen können auch zeigen, welche Ideen als zufriedenstellend für die Zukunft gesehen werden können und Anregung zur Gestaltung von Gegenwart geben.

Imaginationen und Sprache

Emotionen können durch Vorstellungen ausgedrückt werden. Wir können auch intuitiv ohne konkrete Sprache verstehen, was in der inneren Welt eines Menschen vorgeht – besonders in emotional brisanten Situationen. Sprache aber ist »Ausdruck von verstandenem Handeln«,[56] etwa wenn wir sagen: »Ich werde nach Hause gehen …«. Sprache braucht Handlungsvorstellungen und aktiviert im anderen Menschen auch immer Handlungsvorstellungen, also Vorstellungen und damit verbundene Körpergefühle.[57] Sprache stellt eine Beziehungsebene mehr her: Wörter können berühren.

Mit der Entwicklung der Sprache entwickelt das Kind eine eigene innere Welt, weshalb der Spracherwerb auch immer im Zusammenhang mit Separation und Individuation verstanden wird. Die Sprache ermöglicht aber auch Nähe und Verbundenheit. Es ist ein gemeinsames Symbolsystem, mit gemeinsamen Bedeutungen. Das Wort als Übergangsphänomen, wie es Winnicott bezeichnet hat, wird dem Kind von der Bezugsperson gegeben, aber die Vorstellung, die dazu gehört, ist im Innern bereits vorhanden.[58] Unsere Gedanken, unsere Vorstellungen, wenn sie uns denn bewusst sein sollen, formulieren wir in Sprache. Damit regulieren wir oft auch unsere Emotionen: »Die Sprache ist ein ungemein effizientes Instrument der Selbst-Regulierung«[59], so Solms und Turnbull. Kinder internalisieren, was Eltern ihnen sagen, indem sie es nachsprechen. Später wird das zu einem inneren Sprechen. Dieses innere Sprechen ist wesentlich für die Selbstregulierung, zum Beispiel wenn wir uns innerlich sagen: »Sag nicht Nein, wenn du Ja sagen willst!« oder »Platze jetzt nicht vor Wut, übe dich in Gelassenheit.« Selbstregulierung ist im Wesentlichen der Umgang mit den Emotionen, über Imagination und Sprache. Emotionen gehören zwar zur biologischen Grundausstattung, wir können aber wesentlich Einfluss auf sie nehmen. Sie wirken in Verbindung mit Vorstellungen und der Sprache auf die Beziehungen zu den Mitmenschen, zur Welt und zur inneren Welt. Verschiedene Ebenen der Erfahrung stehen in Wechselwirkung miteinander – Neues kann erfahren werden, emergente Prozesse, in denen Neues entsteht, können sich ereignen, ebenso wie schöpferische Prozesse.

Die Sprache der Seele im Gedicht

Gedichte in ihrer dichten Sprache verknüpfen Wörter des Alltags in einer neuen Weise: Sie wenden den Blick nach innen, können wieder Wünsche aufdecken, Gefühle, die abgestumpft waren, verlebendigen, wie Ulla Hahn schreibt: »Die Unterhaltungsindustrie lenkt den Blick des Menschen von sich weg, lenkt ihn nach außen. Sie ist dazu da, den Menschen zu zerstreuen. Das Gedicht lenkt den Blick nach innen. Ein Gedicht bedarf des ›gesammelten‹ Menschen. Er kann ›in sich gehen‹, ›innehalten‹ […].«[60]

Was es heißt, in Resonanz zu sein, verdeutlicht ein Gedicht von Juan Ramon Jiménez:[61]

Die Fülle von heute ist
Der blühende Zweig von morgen.
Meine Seele wird der Welt die Welt wiederschenken
Nach dem Bild meiner Seele.

Die Schönheit der Welt weckt Schönheit in der eigenen Seele, und mit diesem Gefühl wird dann auch die Welt wieder wahrgenommen – der blühende Zweig steht für die Fülle, die sich potenziert.

Symbole als Resonanzphänomene

C. G. Jung, der sich intensiv mit dem Unbewussten und seinen Manifestationen in Imaginationen und Symbolen beschäftigt hat, formulierte: »Die Imagination ist die reproduktive oder schöpferische Tätigkeit des Geistes überhaupt, ohne ein besonderes Vermögen zu sein […]. Die Phantasie als imaginative Tätigkeit ist für mich einfach der unmittelbare Ausdruck der psychischen Lebenstätigkeit, der psychischen Energie, die dem Bewußtsein nicht anders als in Form von Bildern oder Inhalten gegeben ist […].«[62] Imagination ist also eine wesentliche »Tätigkeit« der Seele.

Die Imagination ist reproduktiv: Wir können uns an Erlebnisse erinnern, und unsere Erinnerung ist uns bildhaft und emotional zugänglich. Erlebnisse werden emotional nachempfunden, sie verbinden sich mit anderen Erlebnissen und werden so zu Erfahrungen.

Aber die reproduktive Form der Imagination ist nicht einfach nur reproduktiv, sondern auch schöpferisch, und zwar wenn man schöpferisch so versteht, dass Erfahrungen miteinander verknüpft werden, sodass dabei neue Einsichten, auch neue Bilder usw. entstehen, dass neue Geschichten erzählt werden können. Schöpferisch ist die Imagination dann, wenn sie nicht einfach eine »Abbildung« von etwas schon Gegebenem ist, sondern neue Aspekte dazukommen. In den Träumen etwa ist die Imagination schöpferisch.[63] Auch das Schöpferische beruht auf Erfahrenem, es wird aber neu orchestriert.

Unsere Anleihen an kollektiven Vorstellungen aus Narrationen, Filmen usw. scheinen auf den ersten Blick reproduktiv zu sein, sie können aber auch kreativ genutzt werden, wenn wir in Resonanz zu ihnen eigene Fantasien entwickeln und Imaginationen gestalten, die relevant für das eigene Leben sind.

Mit diesem Gedanken lässt sich auch eine Kulturtheorie verbinden. Die religiösen Vorstellungen, die Ideen der Menschheit ganz allgemein und ihre Veränderung im Laufe der Zeit, sind Ausdruck dieser Imaginationen, die sich schon immer um existenzielle Grundbedürfnisse gerankt haben. Existenzielle Grundbedürfnisse sind Bedürfnisse nach Sinnerfahrung, nach der Erfahrung von gelingendem Leben (Glück, Lust), nach Beziehung und Geborgenheit, nach einem Dazugehören, nach Freundschaft. Es sind Bedürfnisse nach Selbstwirksamkeit und einem hinreichend guten Selbstwertgefühl, nach der Fähigkeit, sich zu schützen. Es sind Bedürfnisse nach Entwicklung und nach Motivation, nach der Möglichkeit, die Zukunft in einem gewissen Spielraum gestalten zu können, nach Ressourcen, nach der Fähigkeit, sich von schwierigen Lebensumständen nicht zerstören, sondern herausfordern zu lassen.

Symbole machen lebendig

Symbole und ihre Bedeutung

Wenn wir in Resonanz zur Welt sind, sind wir nicht nur mit den Dingen der Welt verbunden, sondern sie bedeuten uns auch etwas, sie lösen auch innere Bilder, Imaginationen aus.

Bilder, die emotional bedeutsam sind, können als Symbole erlebt werden. Im Symbol verbinden sich Welt und Psyche, außen und innen. Symbole sind Objekte aus der Wahrnehmungswelt; das ist aber nur ihr vordergründiger Aspekt. In ihnen liegen Hinweise auf Hintergründiges, noch nicht Gewusstes, noch nicht Bewusstes oder auch einfach auf Vergessenes. In einer symbolisierenden Einstellung drücken wir aus, dass für uns Innenwelt und Außenwelt zwei Aspekte der gleichen Erfahrung sind. Zudem drücken wir aber auch aus, dass die Dinge der Welt nicht nur sind, existieren, sondern dass sie auch etwas bedeuten, einen Sinn haben, eine Resonanz in uns auslösen, die wir manchmal zunächst nicht wirklich verstehen. Wir können zum Beispiel an einem Fluss stehen, ihn sehen, seine Fließgeschwindigkeit schätzen, seine Verschmutzung usw. Der Fluss kann uns aber auch zu der Frage bringen, ob denn unser Leben im Fluss ist. Wir können eine Sehnsucht danach entwickeln »im Fluss zu sein«, oder wir denken etwas melancholischer an die Vergänglichkeit des Lebens. Dann sind wir in einer symbolisierenden Einstellung. Wenn die Welt für uns auch eine symbolische Bedeutung hat, dann geht es sowohl um die emotionale Anteilnahme, aber auch um Sinn. Die Welt *ist* dann nicht nur, sondern wir treten mit ihr in Beziehung und geben ihr auch einen Sinn. Es gibt nicht nur die Außenwelt, es gibt auch die Innenwelt – und beide stehen miteinander in Wechselwirkung. Dies äußert sich in den vorgestellten Bildern und den damit verbundenen Emotionen, und diese wiederum sind verbunden mit existenziellen Themen.

Diese Verbindung von Wahrnehmung und Vorstellung spiegelt sich im Symbolbegriff von C. G. Jung: »Ein Begriff oder ein Bild sind symbolisch, wenn sie mehr bedeuten, als sie bezeichnen oder ausdrücken. Sie haben einen umfassenden ›unbewussten‹ Aspekt, der sich niemals exakt definieren oder erschöpfend erklären lässt.«[64]

Dieser unbewusste Aspekt, der Hintergrund, kann sehr geheimnisvoll sein: Er ist Ausdruck für das ganz Andere, auch Unauslotbare, das uns mit Neugier und Sehnsucht erfüllt, mit starken Emotionen also, es sind Bilder des Fremden, die uns aus dem Gewohnten herausheben, herausziehen, faszinieren und ängstigen. Sie enthalten immer etwas, das auch »jenseits unseres derzeitigen Fassungsvermögens«[65] ist. Im Symbol spricht die Welt zu uns, in allem, was sie schon einmal war. Symbole öffnen die persönliche Geschichte zur Menschheitsgeschichte hin – wir treten auch in Resonanz zur Menschheitsgeschichte.

Die Geburt eines Kindes bewegt, berührt die meisten Menschen. Etwas entscheidend Wichtiges in der gemeinsamen und in der familiären Lebenswelt geschieht. Dieses Ereignis ist mit vielen Gefühlen verbunden – und deshalb wird eine Geburt auch gefeiert. Je nach Nähe wird dieses Kind auch mit dem eigenen Leben verbunden – es gehört jetzt auch zum eigenen Lebenskreis. Die Geburt des Kindes kann zusätzlich auch als Symbol erlebt werden: Das Staunen darüber, dass etwas Neues, Lebendiges, etwas, das wachsen und hoffentlich gedeihen wird, entstehen kann und plötzlich da ist. Ein Staunen über das immer wieder neu Werdende. Solche Gedanken können sich verbinden mit dem Mythos vom göttlichen Kind, den wir in unserem Kulturkreis im Zusammenhang mit Weihnachten kennen.[66] Jesus ist eines der göttlichen Kinder, aber auch Dionysos, Krishna und andere verkörpern diesen Symbolkreis. Zu diesem archetypischen Motiv – einem Motiv, das in der Kulturgeschichte der Menschen immer wieder vorkommt, das aber auch in Träumen und Fantasien der Menschen immer wieder auftaucht –, gehört jeweils ein Leben spendender, das Leben ermöglichender Mutterraum mit Fülle und Lebendigkeit. Dazu gehört ebenfalls, dass das göttliche Kind auf eine besondere Weise gezeugt oder geboren wird und dass es Dämonen und Dämoninnen gibt, die dieses göttliche Kind bedrohen. Im Falle von Jesus ist das ausgedrückt in der Verfolgung aller Neugeborenen durch Herodes. Krishna wird von einer Amme mit giftiger Milch verfolgt. Krishna weiß das aber, saugt dieser Amme die ganze Milch aus und spuckt sie anschließend aus. Zerstört ist am Schluss nicht er, sondern die Dämonin. Wäre das göttliche Kind den Dämonen und Dämoninnen nicht gewachsen, dann wäre es eben kein göttliches Kind.

Solche Mythologeme, die jeweils auch in die Sprache der Gegenwart übersetzt werden, ihre zentrale Aussage dabei jedoch beibehalten, werden in bestimmten existenziell bedeutsamen Lebenssituationen immer wieder erzählt oder auch in Ansätzen geträumt. Sie helfen, diese Lebenssituationen zu verstehen, sie aber auch emotional zu verarbeiten, und geben den Mut und die Hoffnung, auch diese – meist schwierige Lebenssituation – zu bestehen, wie sie viele Menschen vor einem auch schon bestanden haben. Die menschlichen Erfahrungen sind zwar immer unsere individuellen, aber es sind Erfahrungen, die andere Menschen auch schon gemacht haben und auch noch machen werden. Die menschlichen Probleme sind typisch menschliche Probleme, jeweils etwas eingefärbt durch die persönliche Lebensgeschichte und durch die Zeitsituation, in der wir leben. Diese Geschichten sind Modelle dafür, wie diese Probleme immer schon angegangen worden sind und wie man sie überlebt hat.

Die Emotionen, die mit dem Mythologem des göttlichen Kindes verbunden sind, sind Freude, Hoffnung auf Werdendes, Mut, Wille zur Gestaltung trotz Widrigkeiten, samt dem Vertrauen, dass es auch gelingt, kurz: Hoffnung auf Neuwerdung wider besseres Wissen, auf unvorhersehbare, glückhafte Weise – trotz aller Widrigkeiten.

Dieser Mythos sagt uns unter anderem: Es gibt immer wieder Hoffnung auf Neuwerdung, es kann sich alles auch verändern, es kann auch anders sein, als wir denken. Dieses Neue ist aber auch immer wieder tödlich bedroht. Wie oft haben wir eine neue Idee, die uns beflügelt und erfreut, unserem Leben wieder Schwung gibt. Im Laufe der Zeit verlässt uns der Mut, das Neue ist uns zu unsicher: Die Dämonen, die das Neue zerstören wollen, haben gesiegt. Das ist schade.

Im christlichen Kulturkreis ist der Mythos des göttlichen Kindes mit dem Weihnachtsfest verbunden, einem Fest der Freude darüber, dass es immer wieder unverhofft einen Neuanfang gibt, dass Hoffnung immer wieder aufbricht.

Im Symbol spricht die Welt – mit allem, was sie ist und mit allem, was sie schon einmal war. Im Symbol tritt unsere eigene Geschichte in Resonanz zur sinnlich erfahrbaren Welt, aber auch zu den Bildern und Erfahrungen der Menschheit. Kulturelle Symbole können immer wieder neu verstanden werden – sie sind nicht leicht zu entschlüsseln. Symbole sind überdeterminiert, stehen in einem komplexen Vernetzungszusammenhang, deshalb können wir uns immer wieder neu mit einem Symbol beschäftigen und auch neue Bedeutungen finden. Im Symbol spricht auch die Welt, wie sie sein wird.

Je nach dem Kontext des Symbols verändert sich auch seine Bedeutung, scheinen neue Formen der Bedeutung auf, verändern sich aber auch die mit dem Symbol verbundenen emotionalen Zusammenhänge.

Im Traum übrigens scheint es uns möglich, viele verschiedene, auch einander widersprechende Verknüpfungen miteinander zu verbinden. Da kann ich etwa als alte Frau erscheinen und gleichzeitig in meiner Gestalt als Mädchen – und ich »weiß«, dass ich beides bin. Der Traum vernetzt besser, als wir es im Wachen vermögen. Er ist auf seine Weise kreativer.

Symbole sind verknüpft mit unserer Erinnerung, in ihnen

stecken aber auch Erwartungen, wie in allen imaginativen Prozessen: Symbole wiederholen, was wir erlebt haben, unsere Geschichte, was uns zugestoßen ist (Komplexe), gelegentlich auch, was die Menschheit erlebt und bewältigt hat und was sich in den kulturellen Erzeugnissen niederschlägt (Archetypen). In den Symbolen zeigen sich auch unsere menschlichen Möglichkeiten: Eigentlich sind Symbole Projektionen unserer imaginären Möglichkeiten im Umgang mit der Welt. Die Archetypen sind die Bedeutungsfelder, in die unsere Imaginationen eingepasst werden und dadurch auch verstanden werden können.

Symbole wiederholen aber nicht nur, sie verändern auch Stimmungen, Gefühle, Verhalten im Sinne eines Selbstorganisationsprozesses und lassen so neuen Sinn und neue Emotionen erleben, vor allem aber lassen sie die mit dem Symbol verknüpften Erfahrungen als bedeutsam für das eigene Leben einordnen.

Eine der zentralen Ideen von Jung ist, dass der moderne Mensch vom »mythopoetischen Substrat«[67] seines Seins entfremdet sei, dass ihm der Bezug zu den großen Symbolen fehle, dass er schon gar keine großen symbolischen Geschichten mehr über das eigene Leben erfinden könne, vermutlich, weil alles zu schnell geht, und deshalb fehle ihm der Sinn für die Bedeutung des Lebens.

Die Welt symbolisch zu verstehen heißt, eine konkrete Erfahrung auf einen Hintergrund zu beziehen. Damit entspricht eine konkrete Erfahrung nicht nur einem Fakt, *ist* nicht nur, sondern sie *bedeutet* auch etwas, verweist auf weitere damit verknüpfte Erfahrungen, aber auch auf noch nicht Gewusstes, auf etwas einem noch Fremdes. Eine sinnliche Wahrnehmung, die Farbe einer Blume etwa, bedeutet für uns mehr als diese nackte Farbe. Eine depressive Verstimmung kann als körperliche Störung verstanden werden, die mit einem Medikament behandelt wird. Sie kann aber auch zusätzlich als Ausdruck für eine innere Problematik gesehen werden, für ein Lebensproblem, das angegangen werden muss, als eine verpasste Entwicklungsnotwendigkeit. Eine Störung, symbolisch gesehen, bedeutet mehr, als dass man sich nicht wohlfühlt, sie hat einen Sinn, verweist auf eine Entwicklungsnotwendigkeit. So wird das Symbol zumindest in der psychodynamischen Psychotherapie verstanden. Damit verbunden ist ein ganz bestimmtes Menschenbild: Menschen werden verstanden als in einer inneren Entwicklung stehend. Einseitigkeiten, die unabdingbar mit Entwicklung verbunden sind, werden durch Störungen sichtbar, und wenn man die Störungen versteht, kann der Entwicklungsimpuls wieder aufgenommen werden. Das eigene Leben wird dadurch aber auch sinnvoller, interessanter, lebendiger erlebt. Menschen kommen wieder in Kontakt mit ihren Grundbedürfnissen, erleben wieder Sinn. Die Frage nach der symbolischen Bedeutung einer Störung bringt die Menschen in Kontakt mit ihrer Lebensgeschichte, aber auch mit der Conditio humana ganz allgemein. Es wird also die Frage nach der eigenen Identität und nach der Entwicklung der eigenen Identität gestellt. Grundsätzlich gilt: Es gibt nicht nur Fakten, sondern sie bedeuten auch etwas. Das heißt aber auch, dass das eigene Leben eine Bedeutung hat und damit auch emotional wertvoll ist.

Mit Symbolen zu leben kann auch bedeuten, dass man ein Symbol, das zum Beispiel in einem Traum auftaucht, in Verbindung zu einem Symbol bringt, das im kulturellen Gedächtnis eine Rolle spielt. Das kulturelle Gedächtnis der Menschen ist voll von symbolischen Gestalten und Darstellungen, die durchaus auch noch modern sind, denken wir zum Beispiel an die Heldenmythen, die in der Odyssee erzählt werden.

Oder denken wir an die verschiedenen Filme zum Thema »Die Schöne und das Biest« – Varianten des Mythos von Amor und Psyche und der Märchen, in denen es darum geht, dass eine schöne Prinzessin zu einem in ein Tier verzauberten Prinzen doch langsam Zuneigung fasst, ihre Angst überwindet und im entscheidenden Augenblick, zum Beispiel mit einem Kuss, das Tier aus der Verzauberung erlöst. Daraus wird dann ein strahlender Prinz. Gewiss, man kann das kitschig finden, aber dass diese Stoffe immer wieder neu verfilmt und dass diese Filme auch von vielen gerne angesehen werden, bedeutet doch, dass sie die Menschen ansprechen.

Wenn man diese symbolischen Geschichten auf eine Paarbeziehung überträgt, beginnt man, sich Gedanken darüber zu machen, was es denn bedeutet, wenn ein schöner Prinz in ein hässliches Tier verwandelt worden ist, und wie denn eine Erlösung dieses Tiers stattfinden könnte. In Mythen und Märchen werden in symbolischer Form typische Probleme des Lebens dargestellt und auch – wiederum bildhaft – Lösungsvorschläge angeboten. Lässt man sich emotional auf diese Bilder und vor allem auf die bildhaften Prozesse ein, und das wird man dann tun, wenn eine Resonanz in der eigenen Psyche auf diese Prozesse spürbar wird, dann werden Bilder in der eigenen Psyche belebt, man fühlt sich dadurch emotional belebt, intellektuell angeregt. Es ist eine ganze Welt, die in diesen Bildern verborgen ist, sie stellen »ein Schatzhaus der Menschheit« (Jung) dar. Sich mit diesen Bildern in Beziehung zu setzen, nachzuspüren, wie sie auf unsere Psyche wirken, wie sich unsere Psyche in ihnen ausdrückt, aufzunehmen, welche schöpferischen Impulse sich dadurch ergeben, braucht Zeit. Dieses Denken steht unserem Effektivitätsstreben entgegen, es braucht Zeit, Muße und den Sinn dafür, dass es im Leben auch um Innehalten gehen kann, nicht nur um eine immer noch größere Geschwindigkeit.

Oder betrachten wir den Mythos von Sisyphos: Wie viele heutige Menschen bezeichnen ihre Arbeit als Sisyphosarbeit, haben den Eindruck, wie Sisyphos unermüdlich einen Stein stemmen zu müssen und nie ans Ziel zu kommen? Und schon beginnt man sich zu fragen: Hätte Sisyphos auch Nein sagen können? Nein sagen müssen? Interessieren sich die Götter überhaupt noch für ihn und für die Strafe, die sie irgendwann einmal ausgesprochen haben? Oder ist er wirklich als glücklicher Mensch zu verstehen, so ganz hingegeben an seine

Aufgabe?[68] Sisyphos verkörpert ja unter anderem auch die Ambivalenz des »Homo laborans«: Ganz hingegeben an eine Aufgabe zu sein, ist ein sehr gutes Lebensgefühl. Das Problem besteht in diesem Mythos dann nur darin, dass so wenig Muße möglich ist, offenbar weil die Anstrengung in sich so belohnend ist.

Aber nicht nur Bilder aus Mythen, Märchen, aus der Literatur, die Menschen verfasst haben, aus der bildenden Kunst, führen uns in diese Welt der Fantasie und damit auch der Mythopoesie. Auch bedeutende Erfahrungen im alltäglichen Leben kann man unter dem symbolischen Aspekt betrachten. Das tun wir oft unwillkürlich: Ein halb verdeckter Mond ist nicht einfach nur ein halb verdeckter Mond, sondern dem einen oder der anderen wird das Lied von Matthias Claudius dazu einfallen: »Seht ihr den Mond dort stehen, er ist nur halb zu sehen, und ist doch rund und schön …« Auch wenn man das Lied nicht kennt, die Erfahrung, die in diesem Lied ausgedrückt ist, kann man auch aus sich selbst heraus machen, wenn man sich Zeit dafür nimmt.

Wenn wir die Welt und was uns geschieht auch als Symbol verstehen, dann sind wir in einer Haltung der Resonanz – verbunden mit den Fragen, was denn da ist, aber auch mit den Fragen, was die Erfahrungen jeweils für das eigene Leben bedeuten, ob sie existenziell wichtig sind, ob wir uns durch sie selber besser verstehen, aber auch, ob sie uns Geborgenheit im Leben geben.

Vom Symbolischen weg – hin zum Konkreten

Ist nun diese symbolische Welt in Gefahr? Ist die symbolisierende Einstellung mit der damit verbundenen Muße, mit der aktiven Auseinandersetzung von Außenwelt und Innenwelt ein Auslaufmodell? Laufen wir Gefahr, in der Postmoderne auf das

Konkrete reduziert zu werden? Geht es deshalb nur noch um Wettbewerb, Erfolg – um »mehr«, »schneller«, um immer noch schneller Laufen, um auf dem Laufenden zu bleiben?[69] Keine Zeit für Fantasien, für Imaginationen, für Visionen, die nicht dem Erfolg dienen?

Fast scheint es so. In der NZZ am Sonntag vom 15. Juli 2012 geht es um nichts Geringeres als das Symbol der Meerjungfrau in diesen Tagen. Da heißt es: »Liebe Kinder, liebe Romantiker, eine traurige Nachricht erreicht uns aus Amerika: Meerjungfrauen gibt es nicht. Das ist jetzt offiziell. Die amerikanische Behörde für Meeres- und Wetterkunde teilte letzte Woche mit, es gebe keinerlei Beweise für ›aquatic humanoids‹.« Die Unruhe ging auf einen Film zurück, eine sogenannte Dokufiction, in dem eine Meerjungfrau gefunden wurde. Meerjungfrauen bevölkern seit Jahrhunderten die menschliche Fantasie, denken wir an die vielen Geschichten mit Meerjungfrauen, es gibt sie in der Kulturgeschichte praktisch aller Kulturen. Und der Artikel endet: »Okay, ihr Spielverderber, ›aquatic humanoids‹ gibt es wohl wirklich nicht. Aber wir reden hier von Meerjungfrauen.«[70]

Warum mir dieser Beitrag so wichtig ist? Wird hier nicht die Verunsicherung deutlich, ob die Welt der Fantasie eine Berechtigung hat? Gewiss, der Film war so realistisch, dass das Fantastische daran in den Hintergrund tritt. Wenn man die Welt der Fantasie ernst nimmt, gibt man ihr auch eine Bedeutung. Fantasien sind eben auch wirklich. Immerhin, die Sache an sich war so wichtig, dass sie über die ganze Welt verbreitet wurde: Was »gibt es«? Was »gibt es nicht«? Und wenn die Wissenschaft sagt, dass es keine Meerjungfrauen gibt, stimmt das dann? Ist die Innenwelt wirklich nur noch für Kinder und für Romantiker? Die sich auf wissenschaftliche Erkenntnisse berufende Behauptung, »es gäbe« keine Meerjungfrauen, zeugt von einer solchen Ahnungslosigkeit, ja Ignoranz in Bezug auf Symbolik, auf symbolisierendes Denken und Sprechen, dass einem im Blick auf eine Öffentlichkeit, in der man solche Informationen verbreiten kann, angst und bange wird. Dabei ist die symbolisierende Sprache die Sprache der Seele, die Sprache der Dichtung, der Religion, die Sprache der Sinngebung, die Sprache der »Beseelung der Welt«.

Die Sorge über das Ersetzen von auch innerer, symbolischer Erfahrung durch sensorische Erlebnisse scheint ein Topos zu sein, meint Dornes.[71] Er verweist auf Simmel, der schon 1900 in seiner Schrift »Philosophie des Geldes« anmahnt, dass »der Mangel an Definitivem im Zentrum der Seele« den Menschen in die äußeren Aktivitäten treibt, »bald als Reisemanie, bald als die wilde Jagd der Konkurrenz«[72]. Er sieht diese Phänomene nicht als Folge der Beschleunigung, wie das heute oft gesehen wird, sondern als Folge davon, dass es kein Zentrum der Seele mehr zu geben scheint. Das ist umso interessanter, als gerade in dieser Zeit, als Simmel dies schrieb, die Anfänge der Psychoanalyse liegen. C. G. Jung legte eine Theorie des Selbst vor, das er als einen zentralen Archetyp versteht, das als Selbstregulierungs- und Selbstzentrierungsprinzip von großer emotionaler Bedeutsamkeit ist und von dem aus Anreiz zu Integration von psychischen Anteilen und damit zu lebenslanger Entwicklung erfolgt.[73] Dieses Selbst zeigt sich in Symbolen der Ganzheit, wie etwa der Kugel. Wenn es in Träumen erlebt wird, ist es begleitet von einem Gefühl der unabweisbaren Identität und oft auch der Verbundenheit mit der Welt und dem Erleben von Sinn. Es ist also durchaus ein Zentrum der Seele, allerdings immer in Verbindung zu den Mitmenschen und der Welt. Es scheint, denkt man an Simmel, offenbar schon immer eine Konkurrenz zwischen Innenwelt und Außenwelt gegeben zu haben.

Also kein neues Phänomen? Ebenso wenig wie die Idee, dass das Selbst in Frage gestellt wird, was uns eher modern anmutet? Dass sich die Menschen allerdings so sehr der Außenwelt zuwenden, muss noch nicht heißen, dass es die Innenwelt nicht gibt. Die verschiedenen Formen der Tiefenpsychologie, die sich alle in einem gewissen Sinne um Tiefe bemühen,[74] um ein entwickeltes Innenleben, können schon anfangs des 20. Jahrhunderts als eine Reaktion auf die Außengelenktheit verstanden werden. Die Entwicklung dieser Theorien kann als ein Versuch gesehen werden, die »Tiefe« nicht zu verlieren. Theorien sind auch immer in der Auseinandersetzung mit dem Zeitgeist. Und in den 1970er-Jahren, als die Tiefenpsychologie noch sehr wichtig war, beklagte Walter Benjamin, dass Menschen ihre vielen, konstanten Erlebnisse, denen sie ausgesetzt sind, nicht mehr in Erfahrungen verwandeln können.[75] Erfahrung versteht er als Verbindung zur eigenen Geschichte, die Verbindung zu narrativen Mustern. Erlebnisse müssen in Beziehung gesetzt werden zur individuellen und kollektiven Vergangenheit und Zukunft. Erfahrungen machen einen Teil der Identität aus, sind Teil der Autobiografie, werden nicht so leicht wieder vergessen. So werden Erlebnisse zu einem verfügbaren Aspekt der eigenen Lebensgeschichte. Gerade dieses Verdauen von Erlebnissen aber ist nach Benjamin nicht mehr möglich in einer Welt, in der Erlebnis auf Erlebnis folgt, Schlag auf Schlag. Damit Erlebnisse zu Erfahrungen werden, zu etwas, das auch unsere Lebensgeschichte ausmacht, auf die wir rekurrieren können, zu etwas, das bleibt, auch wenn wir alt werden, braucht es Zeit. Nun kann man mit Benjamin beklagen, dass ein großer Erfahrungsverlust eingesetzt hat – und das beklagte er schon in den 1970er-Jahren. Die Konsequenz dessen ist, und das galt wohl schon damals und gilt heute umso mehr: Nicht jedes Erlebnis kann zu einer Erfahrung werden. Aber so viel Zeit sollte sein, dass Erlebnisse, die uns emotional berühren, zu Erfahrungen werden dürfen. Und wenn keine Zeit mehr dafür ist, dass wir emotional berührt werden, was dann?

Nicht wenige Analytiker und Analytikerinnen beklagen heute, dass das Leben der Menschen »verflacht«, eben deshalb, weil die Welt nur noch als eine Ansammlung von isolierten Fakten, nicht aber in einem Verweisungszusammenhang gesehen wird, weil das symbolische Denken in den Hintergrund tritt. Das äußert sich in konkretistischem Denken, etwa auch darin, dass jeweils rasch eine Pille gesucht wird, um einem Problem abzuhelfen. Auch ist ein Verlust an kulturellem Wissen auszumachen. Die Kenntnis von Geschichten aus der Weltliteratur ist zurückgegangen, sogar bei Menschen, die sich in einer Psychotherapieform ausbilden lassen, wie der Jung'schen, die mit Symbolen, auch mit kulturellen Symbolen, arbeitet. Das ist bedauerlich, denn diese Geschichten sind ein wichtiger Aspekt des kulturellen Bewusstseins der Menschen, und in Resonanz zu diesen Geschichten können Menschen Vorstellungen und Erkenntnisse finden, wie sie in vergleichbaren schwierigen existenziellen Situationen mit ihren Problemen umgehen können. Nicht, dass die Lösungen dieser mythologischen Geschichten einfach übernommen werden könnten, aber sie können feststehende Vorstellungen, die hemmen, öffnen und in einen neuen Kontext hineinstellen, sodass Menschen wieder schöpferisch mit ihrem Leben umgehen können.

Der Körper als Symbol

Anstelle der Innerlichkeit, der »schönen Seele«, wird heute der schöne, fitte Körper gesucht. Die Ästhetik hat einen neuen Raum gefunden. Aber nicht nur schön soll der Körper sein, sondern auch fit. An sich ist ja nichts dagegen einzuwenden, dass Menschen Freude an ihren Körpern, auch an körperlicher Kompetenz haben und sich gerne verschönern. Unser Körper gibt uns die Gewissheit, dass es uns gibt, und zwar in dieser ganz besonderen Gestalt, vergleichbar allen anderen Menschen und doch in einer individuellen Ausprägung, mit einer eigenen Geschichte in der Vergangenheit und auch in der Zukunft. Mit dem belebten Körper, dem Leib – und dazu gehört auch unser Gehirn – leben wir, erleben wir, begegnen wir anderen Menschen, der Welt. Wir begegnen anderen Menschen auf der leiblichen Ebene. Auch wenn wir Menschen im digitalen Raum, zum Beispiel bei Videokonferenzen, treffen, ist dabei eine Vorstellung von Körper miteinbezogen. Aber es ist zu bedenken: Im digitalen Raum werden wir nicht wissen, ob wir jemanden riechen können – eine wichtige Voraussetzung für gelingende Beziehungen. Die Sinne – außer dem Gesichtssinn – spielen online eine geringere Rolle, und deshalb ist es wichtig, sich für die »alten« Sinne einzusetzen.

Grundlage unseres Identitätsgefühls ist unser Körpergefühl und unsere wechselnde Beziehung zu unserem Körper. Natürlich verändert er sich ständig, rein biologisch, Zellen unseres Körpers werden ständig ausgetauscht – aber immer nach demselben Bauplan. Und wir können uns an Körpergefühle erinnern, zum einen, weil sie in einer bestimmten Situation wieder erlebbar werden, etwa beim Tanzen, zum anderen aber auch, weil sie gerade nicht mehr so erlebbar sind, wie sie es einmal waren. Veränderungen in unserem Identitätsgefühl gehen oft von unserem Körpererleben aus. Vergessen wir nicht: Der Körper ist der Ort, wo wir unser Befinden wahrnehmen, aber auch ausdrücken. Der Körper ist der Ort, wo unsere Emotionen erfahrbar werden, der Körper ist der Ort unserer Freuden und unserer Leiden, unseres Schmerzes, unseres Altwerdens, unseres zukünftigen Todes.

Es sieht ja so aus, als würde man sich heute auf den Körper als Ort, wo sich die Identität zeigt, zurückziehen. Der Körper erscheint als etwas Verlässliches in einer Welt mit wenig Verlässlichkeit. Kreativität in Form von Gestaltungswünschen wird am Körper ausgelebt. Eine Bastion der Identität bleibt sichtbar erhalten.

Aber es geht noch weiter. In seinem Artikel »Der vermessene Mensch«[76] weist Widmer darauf hin, dass der Mensch sich schon immer gründlich beobachtet hat und dass die Resultate der Beobachtung bereits in vergangenen Epochen in Journalen und Tagebüchern niedergeschrieben wurden. Als neu erachtet er, mit welcher Besessenheit der Mensch im 21. Jahrhundert sich selbst beobachtet, wobei er auf den Körper fokussiert. Diese Beobachtungen werden via Social Media und Internet mit anderen Menschen geteilt, sodass man Feedback bekommt. »An die Stelle des Körpergefühls tritt das Körperprotokoll. Der Mensch nimmt Abstand und betrachtet sich wie ein fremdes Ding.«[77] Im Hintergrund steht die Forderung nach einer großen Selbstoptimierung, bis hin zum Gedanken, dass wer krank ist, selber schuld sei. Kranksein wird nicht mehr als Schicksal gesehen, sondern als Folge einer ungesunden Lebensführung, die man hätte verändern können. Im Hintergrund steht die Idee, dass Menschen alles richtig machen könnten – also ohne jeden Schatten. – Das ist aber eine fordernde, rigoristische, lieblose Vorstellung. Eine solche Einstellung ist zu einseitig. Kann man mit dieser Einstellung alt werden, auf den Tod zugehen? Versucht man damit, der Sterblichkeit ein Schnippchen zu schlagen?

Konkretistisch wird an sich gearbeitet. Und dieser bearbeitete schöne Körper, wenn er denn auch wirklich schön ist, fungiert natürlich auch als ein Symbol: Es ist ja nicht nur ein schöner Körper, sondern er steht für vieles, unter anderem für den Triumph des Willens über die Natur. Vielleicht hat Dornes ja recht, wenn er den Kolleginnen und Kollegen, die den heutigen Menschen mangelnde Symbolisierungsfähigkeit attestieren, zu bedenken gibt, dass das so nicht stimmt,[78] dass der Körper und seine Gestaltung zum Symbol für die ganze Identität werden kann. Meines Erachtens ist diese Gestaltung aber nicht ein Symbol, verweist nicht auf Hintergründiges, sondern es ist eher ein Zeichen: So will ich im Moment gesehen werden, so bin ich. Die Frage, die im Symbol steckt, was denn diese jeweilige Gestaltung und Inszenierung bedeute, wird gerade nicht gestellt. »Ich bin, wie ich aussehe« – die schöpferische Veränderung, die vom Symbol ausgeht, ist nicht festzustellen.

Wenn der Verlust der Symbolisierungsfähigkeit, der Verlust der Beziehung zu Symbolen beklagt wird, geht es darum, dass ein Prozess der Reflexion auf das Symbol und die Erfahrung der Wirklichkeit auch in der symbolischen Form fehlen. Damit würden auch die Symbole aus der Außenwelt mit der Innenwelt in Verbindung gebracht, die emotionale Wahrnehmung würde angeregt, man würde sich mit den Dingen der Welt verbinden, vor allem aber würde auch der Prozess des Imaginierens, des sich Vorstellungen Schaffens, angeregt. Aber gerade das findet nicht statt: Beim Gestalten des Körpers, beim »Vermessen« des Körpers, geht es um vergleichbare Fakten, und das wird dann als Identität verstanden. Natürlich muss Identität außen sichtbar werden – das gehört zum Wesen der Identität. Aber Identität muss auch eine Erfahrungsdimension haben, eine Innenwahrnehmung. Hat sie das nicht, dann bin ich der oder die, als der oder die ich gesehen werde. Dann muss ich ansehnlich sein und ansehnlich bleiben – oder ich habe keine Daseinsberechtigung mehr. Eine üble Perspektive, nicht nur für das höhere Alter!

Die behinderte Imagination

In der Imagination, die immer auch auf Zukünftiges verweist, zeigt sich die Seele in ihrer Lebendigkeit. Die Imagination kann aber auch behindert werden, zu feststehenden Bildern werden, die nicht mehr animieren.

Imagination als »Fast-Food«

Nicht nur individuelle Menschen haben Vorstellungen und Imaginationen. In jeder Zeitsituation haben wir bestimmte Vorstellungen, zudem haben wir einen großen Schatz an Imaginationen, die Menschen durch die Jahrhunderte hindurch geschaffen haben, ein kulturelles Gedächtnis. Was Menschen geschaffen haben, beeinflusst unsere Imaginationen und damit auch unsere Beziehungen. Dabei geht es nicht darum, dass wir einfach wiederholen, was Menschen vor uns geschaffen, gedacht, gestaltet haben, sondern dass wir zu diesen kulturellen Erzeugnissen in Beziehung treten, in Resonanz, und dass daraus zumindest leicht veränderte Ideen entstehen, die zum eigenen Erfahrungsschatz gehören.

Die Fantasie der Menschen fand und findet ihren Niederschlag in allem Geschriebenen, im Dargestellten, in Romanen, in Filmen, in Erzählungen ganz allgemein, in Wissenschaft und Kunst. Was Menschen bewegt hat, kann, wenn sie es sichtbar machen konnten, auch wieder andere Menschen anregen, ihre Vorstellungskraft anregen. Der Buchdruck veränderte das Leben der Menschen ungemein – nicht mehr nur ein Buch, die Bibel, sondern viele Bücher, damit aber auch viele mögliche Vorstellungen, wie das Leben sein kann, oder auch, wie es zu sein hat. Diese Vorstellungen können normativ werden. Das wurde besonders deutlich im Liebesroman des 18. und 19. Jahrhunderts. Da wurde – etwa in Goethes »Werther« – geradezu ein Code geschaffen, wie zu lieben sei und welche Gefühle dadurch erlebt werden sollten. Das heißt, das eigene Leben wird aufgrund dieser vorgegebenen Vorstellungsmuster in die Zukunft hinein entworfen. Natürlich wurde das auch kritisiert.[79] Vor einigen Jahren hat Eva Illouz diese Codes vor allem auf die Frage der Liebe hin bezogen und darauf hingewiesen, dass damit durchaus Probleme verbunden sind. »[...] viele Werke [kritisierten] den sozial destruktiven Charakter des Romans, sein Potential, bei den Lesern und Leserinnen gefährliche sentimentale und gesellschaftliche Erwartungen, kurz, vorgreifende Gefühle auszulösen.«[80] Man werde durch die Romane verdorben, verdorben in dem Sinne, dass »unrealistische« Erwartungen an das reale Leben gestellt werden – so hieß es noch in unserer Jugend. Es war den Menschen bewusst, dass zwischen der idealisierenden Fantasie und der Verwirklichung dieser Fantasie ein Abgrund klafft, dass die Gefahr der Enttäuschung besteht.

Diese Gefahr der Enttäuschung besteht in der Tat, wenn die vorgefertigte Vorstellung, verbunden mit bestimmten Gefühlen, zur alleinigen Maßschnur der Erwartung wird. Man könnte aber auch dagegen einwenden, dass man ja in der Regel nicht nur einen Roman liest, sondern viele Romane, also zum Beispiel nicht nur ein »Liebesmuster« kennenlernt, sondern verschiedene, und sich also imaginativ in viele Lebensentwürfe hineinlebt – und dann situationsgemäß wählen kann. Was als festgeschriebene Vorstellung, als Zwangsjacke, erscheint und dann Anlass zu Enttäuschung gibt, könnte auch als eine Möglichkeit zur Wahl gesehen werden. Das aber eben vor allem dann, wenn diese Codes eigene Fantasien auslösen, wenn in Resonanz zu diesen Codes eigene Vorstellungen entwickelt werden, eigene Sehnsüchte Gestalt annehmen können, die psychische Lebendigkeit befördert wird. Zudem ist zu bedenken: Diese Codes werden in ihren Grundmustern seit Jahrhunderten durch

Mythen und Märchen, durch die Geschichten der Menschen und der Menschheit, durch die Literatur, durch das kulturelle Unbewusste und den kulturellen Schatz überliefert. Natürlich kann man einwenden, das sei ja auch der Grund, warum Frauen immer noch auf den Märchenprinzen warten, Männer immer noch Helden spielen wollen. Wenn keine bewusste Auseinandersetzung mit diesen Vorbildern stattfindet, dann sind Menschen in der Tat in Gefahr, ihnen zu verfallen, besonders auch deshalb, weil sie Lebenssituationen schnell erklären, schnell das Gefühl vermitteln, sich wieder orientieren zu können, die Situation unter Kontrolle zu haben. Dennoch: Denkt man daran, dass in den Geschichten, die die Menschen einander erzählen, es gar nicht so viele Grundmuster gibt, kann man doch davon ausgehen, dass diese Grundmuster dem Menschen helfen, sich zu orientieren. Je mehr diese Codes aber als eine Anweisung zum guten Leben gesehen werden, vielleicht sogar als eine Vorschrift, wie Leben heute zu sein hat, dann gilt es zu bedenken, dass nicht mehr das eigene Leben gelebt wird, sondern man aus einer »Konserve«, einem Fertiggericht lebt. In Resonanz mit einem anderen Menschen zu sein, ist nur möglich, wenn wir uns auch imaginativ aufeinander einlassen und in der Folge ein dynamisches Beziehungsselbst miteinander kreieren. Das ist aber in dieser Situation nicht mehr möglich. Wir erzählen dann einander auch keine wirklichen Geschichten mehr. Dafür haben wir vermeintlich viel Zeit gespart.

Adorno war der Ansicht, dass in der modernen bürgerlichen Gesellschaft von der Einbildungskraft ein »geregelter, institutionalisierter, warenförmiger Gebrauch«[81] gemacht wird. Dadurch werden Begierden geweckt, die den Kreislauf des Konsums anregen. Natürlich gibt es viele Objekte, die sich der Vorstellungskraft verdanken: Wohl keine Erfindung wäre gemacht worden ohne die Vorstellungskraft – denken wir etwa an Flugzeuge. Adorno muss bei dieser Formulierung an etwas anderes gedacht haben. Es geht ihm nicht um das Erfinden, nicht um den kreativen Einsatz der Vorstellungskraft, sondern wohl um ein Surrogat dafür: Ich suche etwas Unbestimmtes, die Konsumwelt gaukelt mir vor, das entsprechende Gefühl, das ich haben möchte, sei verbunden mit dem Erwerb etwa eines bestimmten Autos oder einer bestimmten Marke Champagner. So wird, nach Illouz, eine »Kolonialisierung der Zukunft schlechthin« getrieben, und aktuelle Entscheidungen werden nach dem Bild, das man sich von der Zukunft macht (nach der Vorstellung, der Imagination), getroffen. Sie verfestigen so die Zukunft noch mehr, formen die Zukunft.[82] Vielleicht zeigt sich dieses Problem in der Liebe noch umfassender: Diese gängigen Vorstellungen, wenn sie denn dem ökonomischen Muster folgen, sind vielleicht auch der Grund dafür, dass Liebesbeziehungen immer mehr als Geschäftsbeziehungen konzipiert werden. Ein Mensch wird gesucht, mit dem man große Nähe herstellen kann, das Leben verbringen möchte. Die Sprachwendungen, in denen die Suche ausgedrückt wird, könnten sich auch auf einen Gegenstand beziehen: »Gesucht wird ein bulliger Typ mit wenigen Lackschäden …« (Es wird kein Auto gesucht!)

Die emotionale Verwicklung in der Liebe, der Prozess der Entscheidung für oder gegen die Beziehung, der Entwicklungsprozess der Beziehung, bei dem man gegenseitig aufeinander einwirkt und sich so aneinander entwickelt, der innere Prozess, der gerade in schwierigen Situationen wichtig ist – all dies wird reduziert auf: Erfüllt den Code – auch wenn er nicht wirklich mein eigener, sondern vorgegeben ist – oder erfüllt den Code nicht mehr. Und wenn ein Mensch im Laufe der Zeit den Code nicht mehr erfüllt, wird er im schlimmsten Fall ausgewechselt, entsorgt. Es geht um das Thema des sich wirklich Einlassens – auch gefühlsmäßig mit allen Gefühlen –, um Verlässlichkeit, letztlich um Dauer, und nicht um das Vergleichen von Erwartung und Erfüllung dieser Erwartung. Im schlimmsten Fall lässt man sich nicht mehr mit ganzem Herzen auf einen anderen Menschen ein. Ist das nun eine Folge des Zeiterlebens in der Postmoderne? Eine Folge fehlender Resonanz? Und: Was machen Menschen mit ihrer Sehnsucht nach Geborgenheit?

Es ist ohne Zweifel so, dass es diese vorausschauenden Vorstellungen gibt, die die Zukunft im hohen Maße bestimmen, und das nicht nur in der Vorstellung von Lebensentwürfen, sondern auch in der damit begleitenden Emotion: Durch die unbewusste Übernahme von diesen Codices wird ein vermeintlich gutes Selbstwertgefühl generiert: Wenn »alle« es machen, dann muss es richtig sein. Um so zu denken, ist man darauf angewiesen, dass man von äußeren Bildern, etwa in der Werbung, und von Menschen, die selber diese Codes verwirklichen, im eigenen Lebensentwurf bestätigt wird. Man holt sich so ein gutes Selbstwertgefühl, zumindest vorübergehend. Insofern ist das heutige Leben recht großzügig: Es gibt viele verschiedene Lebensentwürfe, die gesellschaftlich akzeptiert werden und soziale Akzeptanz, soziale Anerkennung vermitteln – die Frage ist bloß, ob es noch um das eigene Leben geht.

Das »Man« und die Fremdbestimmung

Der gefühlte Zeitnotstand, verbunden mit der Ökonomisierung und dem Verlust des Gefühls, dass in Resonanzsein mit der Außenwelt und der Innenwelt eine gute Lebensqualität gibt, bewirkt, dass wir in unserer Beziehung mit anderen Menschen und der Welt zunehmend in solchen vorgefassten Versatzstücken von festgeschriebenen Vorstellungen reagieren, die ihre symbolische Funktion verloren haben und nur noch als Codes funktionieren. Wir meinen dann zwar, lebendig mit der Welt verbunden zu sein, sind es aber nicht wirklich, vor allem aber leben wir nicht unser eigenes Leben, sondern passen uns im hohen Maße an das an, was gerade angesagt ist.

Das Problem dieser Fremdbestimmung und Anpassung wurde schon von Martin Heidegger in seinem Werk »Sein und

Zeit« behandelt.[83] Er führt aus, dass im »alltäglichen Selbstsein« andere darüber bestimmen, wie wir leben. Für ihn sind es keine bestimmten anderen Menschen – das wäre wieder die persönliche Geschichte –, sondern es ist jeder andere, die er in der Gesamtheit als das »Man« auffasst. Unauffällig entfaltet dieses »Man« eine Diktatur: Wir denken, wie »man« zu denken hat oder wie »man« denkt, wir kleiden uns, wie »man« sich gerade kleidet, wir genießen das Leben, wie »man« zur Zeit eben das Leben genießt, wir sprechen über die Probleme, über die »man« im Moment eben spricht, wir beurteilen Probleme, auch wichtige, wie »man« es eben tut. Das »Man« nimmt uns viele Entscheidungen ab, was scheinbar eine große Erleichterung für das Leben ist. Spürbar wird das unbemerkte Wirken des »Man« dann, wenn man sich diesen Regeln nicht unterziehen mag. Dann »fällt man heraus«, gehört nicht mehr dazu, vielleicht will man auch nicht dazugehören. Erst wenn wir in einer Spannung zu diesem »Man« leben, weil »es« für uns nicht stimmt oder nicht mehr stimmt, werden wir auf diese geheime Diktatur aufmerksam, erkennen wir, dass wir eine Entscheidung fällen, ein Identitätsproblem lösen müssen, dass wir uns nicht mehr einfach spontan verhalten, sondern dass wir darüber reflektieren müssen. Damit wird deutlich, was dieses »Man«, Heidegger nennt es auch »Man-Selbst«, bewirkt: Man lebt miteinander in einer akzeptierten Durchschnittlichkeit; die Entscheidungen, aber auch das Wahrnehmen der Welt sind eingeebnet, alles ist irgendwie schon geregelt, aber wird nicht wirklich gesehen. Herausragendes, Sperriges, Queres passt da nicht hinein.

Gefährlich ist dieses Man-Selbst, weil es auch ein Produkt aus Gewohnheit, Vorurteilen und Engstirnigkeit ist. Auch Rassismus und Sexismus waren einmal Aspekte des Man – und sind es wohl immer noch. Auch die Idee, dass man dem Finanzsystem, den Bankern, der liberalen Wirtschaft einfach traut, ist eine kollektive Überzeugung, für die niemand die Verantwortung trägt. Denn das ist das Problem: Das »Man« bestimmt zwar sehr viel, aber niemand trägt die Verantwortung. Deshalb ist es immer wieder wichtig, dass man auf solche vorgefertigten Überzeugungen, die wir gar nicht als solche wahrnehmen, aufmerksam wird. Das fällt Menschen auf, die mit einem jeweiligen «Man« nicht übereinstimmen. Wer es als störend empfindet, dass einzelne Menschen sich so viel Geld nehmen, während andere am Hungertuch nagen, wird nicht der Überzeugung sein, dass nur der ökonomische Wohlstand zählt, sondern sich vielleicht wehren und dagegen protestieren. Denn wo immer so ein »Man« bestimmend in die Sicht des Lebens und ins Verhalten, auch ins Verhalten in der Politik, eingreift, werden Aspekte des Lebens ausgegrenzt.[84] Und diese können dann wieder eingebracht werden und führen zu Diskussionen oder auch zu ernsthaften Konflikten, die zur Folge haben, dass man sich wieder über einige »Mans« Gedanken macht und sich auch miteinander verständigt, welche Werte wichtig sein sollen. Wer rebelliert, kann aber durchaus auch wieder einem »Man« verpflichtet sein.

Fazit: Wir entgehen diesem »Man« nicht. Wir können aber darauf beharren, dass unser Selbstsein uns wichtig ist, dass wir das eigene Leben leben wollen, dass dies uns Sinn vermittelt. Wir erweisen uns damit als Menschen, die davon überzeugt sind, dass es ein Kern-Selbst gibt, dass es ein wichtiger Wert im Leben ist, in Übereinstimmung mit dieser eigenen Tiefe zu leben, dass das eine innere Ruhe gibt, ein Gefühl auch für die Sinnhaftigkeit des Lebens. Dennoch: Wir leben in der Welt, und da gibt es immer auch das »Man«, das Durchschnittliche. Wir sollten dieses Durchschnittliche nur nicht für den Gipfel der Individualität halten, uns also immer wieder fragen: Entspricht das, was ich tue, wirklich meinen Wünschen, meinen Gefühlen, meinen Sehnsüchten? Oder versuche ich krampfhaft, so zu sein, zu denken, zu handeln wie die anderen? Oder so, dass die anderen mich gut finden? Und wenn ich das tue, ist mir bewusst, wie sehr ich dem Bedürfnis erliege, dazuzugehören? Für Heidegger ging es darum, sich nicht vom »Man« abzulösen, denn das ist nicht möglich, sondern das Selbstsein als »eine existentielle Modifikation des Man«[85] zu suchen.

Natürlich ist und war jedes Leben schon immer auch von vorgefertigten Vorstellungen bestimmt. Wir haben es, wenn schon, mit einer neuen Ausprägung eines alten Problems zu tun, und das steht auch im Zusammenhang mit der generellen Ökonomisierung und damit auch mit der Beschleunigung. Auch, dass »man« heute gehetzt ist, ist eine solche vorgefertigte, kollektiv akzeptierte Vorstellung.

Problematisch ist dieses Man-Selbst, sind diese vorgefertigten Vorstellungen, weil das eigene Leben mit seinen existenziell unterlegten Erfahrungen auf der Strecke bleibt. Man lebt nicht das eigene Leben, sondern das Leben »der anderen«, einem Durchschnitt der anderen. Das könnte aber auch einer der Gründe sein, weshalb immer mehr Menschen unter depressiven Verstimmungen leiden.

Illouz bezieht sich bei der Analyse der Codes vor allem auf die daraus folgende latente Enttäuschung an der Liebe; diese kann auch als eine latente Enttäuschung am Leben überhaupt verstanden werden.[86] So sehr man sich auch bemüht, das Leben gibt nicht die Gefühle her, lässt einen nicht die Gefühle erleben, die die vorgefertigten Vorstellungen versprochen haben.

Und was ist die Konsequenz? Immer einmal wieder zurück zu den eigenen Gefühlen, zu den eigenen Wünschen, zu den eigenen Imaginationen! Nicht die kolonialisierte Zukunft, sondern Vorstellungen, Imaginationen, die eine Zukunft abbilden, die vielleicht nicht mit der Zukunft des Mainstreams übereinstimmt, dafür aber emotional abgestützt ist. Vorstellungen, die, wenn wir sie teilen, vielleicht anecken, die bewirken, dass wir wieder echter miteinander umgehen. Es geht darum, dass wir in Resonanz treten zur Welt und zur Innenwelt und zu den Menschen, denen wir nah sein wollen. Und dafür braucht es Zeit – viel Zeit.

Emotionen spüren – über Emotionen sprechen

Menschen haben in der Folge von Psychoanalyse und Tiefenpsychologie gelernt, über ihre Gefühle zu sprechen. Illouz belegt das in vielen Interviews, die sie geführt hat.[87] Über Gefühle sprechen zu können, hat durchaus Vorteile: So können Menschen, die zum Beispiel in einer schwierigen Paarsituation sind, einander ihre Gefühle mitteilen, sie sind also weniger hilflos, weniger den Gefühlen ausgeliefert. Allerdings können auf diese Weise Emotionen in Emotionswörter verwandelt werden – und die Lebendigkeit ist wieder weg. Ich kann ohne Emotion jemandem mitteilen, dass ich nun wirklich sehr wütend bin. Was soll der Adressat nun aufnehmen? Die Wut, die angesprochen, aber offensichtlich im Miteinander nicht erlebbar ist? Gefühle werden so wie Gegenstände verobjektiviert.[88] Psychodynamisch gesprochen geht es um die Kontrolle der Emotionen durch Intellektualisierung. Durch diesen Prozess verlieren aber die Emotionen sowohl ihre Funktion, uns im Alltag zu orientieren, als auch, dem anderen Menschen deutlich zu machen, wie wir uns fühlen. Zu den Abwehr- und Bewältigungsmechanismen von Emotionen gehören auch gewisse Sprachregelungen, die in sich die Gefahr bergen, dass Emotionen und Gefühle von der jeweiligen speziellen Situation, auch der Beziehungssituation, abgekoppelt sind. So kann jemand sagen: »Ich fühle, dass …«, ohne wirklich noch zu fühlen, und dennoch ist eine solche Aussage nicht weiter hinterfragbar. Stillschweigend haben wir uns darauf geeinigt – zumindest diejenigen, die sich über Emotionen austauschen –, dass solche Aussagen zu akzeptieren sind. Gefühle müssen nicht näher begründet werden, können oft auch nicht näher begründet werden. Nur, dass es hier gar nicht mehr um gefühlte Gefühle geht, sondern um die Benennung von Gefühlszuständen, die vom Erleben abgekoppelt sind.

Es gibt auch gängige Ausdrücke für Emotionen, die von vielen gebraucht werden und die es überflüssig machen, sich zu fragen, wie denn ein Gefühl wirklich beschrieben werden könnte. »Gänsehaut pur« etwa ist zu einem Emotionsbegriff geworden, der geradezu ein epidemisches Ausmaß angenommen hat. Wissen wir wirklich, wie sich Gänsehaut pur anfühlt?

Menschen haben gelernt, über Gefühle zu sprechen. Es gibt eine ganz bestimmte Sprache, wie darüber gesprochen wird, und dabei besteht immer auch die Gefahr, dass man diejenigen Gefühle beschreibt, die man in dieser Situation haben müsste, und nicht die Gefühle, die man wirklich hat. Ein Beispiel: Eine Frau wird etwas roh von einem Mann darauf hingewiesen, dass sie sich jetzt doch etwas »zickig« verhalten habe. Ihre Reaktion: »Ich bin sehr froh, dass du mir das so offen sagst, so kann ich mich verändern.« Dass sie blass geworden ist bei der Aussage des Mannes, sich vielleicht gekränkt fühlte, wütend war, kam nicht zum Ausdruck. Sie hat dies möglicherweise selber gar nicht mehr wirklich mitbekommen. Ihre wahre Emotion hätte sie mitbekommen, wenn sie ihren Körper wahrgenommen hätte. Aber sie formulierte, was man in ihren Kreisen erwartet, wenn jemand kritisiert wird.

Eine andere Schwierigkeit kann sich daraus ergeben, dass wir eine Distanz zu unseren Gefühlen herstellen, wenn wir sie zu rasch benennen. Wir spüren sie dann nicht, sondern reflektieren über sie. Es ginge jedoch darum, uns die Emotionen und Gefühle als basales Orientierungssystem zu erhalten. Nicht darüber nachzudenken, wie ich zum Beispiel meinen Ärger möglichst fair ausdrücke, sondern: Ich ärgere mich. Ich spüre meinen Ärger, auch meine Kraft, halte einen Moment inne, und anschließend denke ich über meine verbale Intervention nach. Eine solche Reaktion wäre eine Reaktion der Resonanz, die mit der eigenen Lebendigkeit verbunden ist. Und dafür brauchen wir Zeit: keine Stunden oder Tage, aber es ist ein Innehalten, ein Spüren, ein Ernstnehmen der inneren Reaktion auf die Beziehung zu anderen Menschen und zur Welt. Natürlich werden wir das Versprachlichen der Gefühle nicht wieder aufgeben, denn es ist ein wichtiger Beitrag zur Beziehung. Aber genau wie für die Imagination gilt: Diese Versprachlichung – und auch die Verschriftung – kann dazu führen, dass Menschen nicht mehr unmittelbar emotional miteinander im Kontakt sind, sondern über emotionale Versatzstücke. Den Beziehungen, aber auch der Innenwelt, sind dadurch Energien entzogen.

Das fehlende Innehalten und der damit verbundene Rückgriff auf emotionale Versatzstücke könnte im Extrem dazu führen, dass Menschen keinen »Innenraum« mehr haben, nicht mehr imstande sind, in einer Situation, in der sie emotional berührt sind, sich innerlich mit der Situation auseinanderzusetzen, bis es ihnen gelingt, eine adäquate Lösung für das emotionale Problem zu haben. Im Verhalten kann das – gerade bei Menschen, die die Emotionen nicht versprachlichen können – dazu führen, dass sie direkt handgreiflich werden. Wenn sie ärgerlich sind, können sie mit ihrem Ärger nicht umgehen, sondern suchen sich jemanden, an dem sie ihren Ärger auslassen können.

Das Benennen der Emotionen kann Distanz zu einer vielleicht überwältigenden Emotion schaffen. So wird sie wirklich zu einem Objekt, kann angeschaut werden, kann nach und nach auch wieder in die Innenwelt, ins Gefühl zurückgeholt werden. Wenn das nicht geschieht und sie zudem nicht als eine Reaktion verstanden wird, die im Zusammenhang mit einer existenziell bedeutsamen Situation wichtig ist, wird das Reden über sie zu einer bloßen Worthülse, spricht man nur noch entfremdet über eine Emotion. Man kann sie dann nicht mehr nutzen: Etwas, das in die innere Welt gehört, wird in die äußere Welt der Kommunikation gezogen, und damit ist dann gerade kein wirkliches Gespräch mehr möglich. Aus psychodynamischer Sicht ist das aber nur dann so, wenn die Emotion aus diesem Prozess des Benennens wirklich eliminiert wird. Es ist vielmehr eine Grundüberzeugung in den psychodynamischen Therapien, dass etwas verstanden werden kann, wenn wir es benennen können, mehr noch, wenn etwas zusätzlich auch aufgeschrieben wird. Es ist dann gebannt. Was benannt ist, kann ganz anders reflektiert werden als eine Emotion, die noch nicht zur Sprache gebracht worden ist, zum Beispiel noch im Körper oder als Körperzustand erlebt wird. Aber das Benennen darf die Emotion nicht eliminieren. Auch das Schreiben über Emotionen hat durchaus einen Sinn: Alles vergeht, doch das Aufgeschriebene zeugt davon, dass etwas wirklich geschehen ist. Es ist zwar vergangen, aber auch nicht vergangen, denn es steht ja da, ist benannt, es kann darüber reflektiert werden. In der Tiefenpsychologie wird das Unbewusste nicht nur in Sprache gefasst, sondern auch in Bilder. Gerade wenn wir von der Bedeutung der Emotion ausgehen, geht es nicht nur darum, die Emotion in Sprache zu fassen, ohne sie dabei zu Worthülsen verkommen zu lassen, sondern es ist auch wichtig, dass die Emotion mit Vorstellungen verbunden ist. Für Jung war es wichtig, dass dem sprachlich verfassten Denken das Fantasiedenken zur Seite gestellt wird, das symbolische, bildhafte, fantastische Denken, das sich in Imaginationen zeigt, in der Dichtung, in der Kunst, in den Religionen.[89] Hier geht es gerade nicht um Codes, sondern um lebendige Symbole: Es geht auch hier um den lebendigen, um den beseelten Austausch.

Behinderung der Imagination von innen: Komplexe

Aber auch aus intrapsychischen Gründen kann die Lebendigkeit und der lebendige Austausch mit anderen gehemmt, die Zukunft von der Vergangenheit kolonialisiert werden. Es sind die Komplexepisoden, die die Bilder von der Zukunft im hohen Maße bestimmen, und die damit verbundenen archetypischen Grundmuster. Die innere imaginäre Welt ist immer auch Abbild der äußeren Welt. Erfahrungen in der äußeren Welt verändern unsere innere imaginäre Welt. Wenn wir uns bedroht und hilflos in der äußeren Welt fühlen, spüren wir Angst. Diese verhindert, dass wir kreative Fantasien entwickeln. Wir entwickeln Befürchtungsfantasien, die uns im Sinne von Rückkoppelungsschleifen noch mehr ängstigen, unsere Vorstellungen werden noch eingeengter. Es sind also keine schöpferischen Imaginationen, sondern enge Befürchtungsszenarien.

Ein Beispiel: Eine Frau, Mitte dreißig, fühlt sich gestresst, gehetzt. Zwar hat sie, die in einem handwerklich schöpferischen Beruf tätig ist, viele Ideen, kann diese aber nicht umsetzen, weil sie »fertig sein sollte, bevor sie angefangen hat«. Sie fühlt sich dann »enorm nervös«, sie verwirft Ideen, bevor sie sie richtig erfasst hat, und ist von einer großen Angst gepackt, nie mehr etwas zustande zu bringen. Ihre Erfolgserlebnisse bestehen darin, dass sie ihre Ideen skizziert, und eine Arbeitskollegin führt sie dann aus und bekommt auch die damit verbundene Anerkennung.

Hinter dieser »Blockiertheit«, die die Frau in große Angst versetzte, konnten verschiedene Komplexepisoden gefunden werden. Sie träumte zum Beispiel: »Viele vermummte Gestalten treiben sich um mich herum. ›Rasch!‹, ruft mein Bruder, ›Mach ganz rasch, sonst erwischen sie dich!‹ Ich erwache davon, dass ich eben nicht rasch laufen kann, erwache voll Angst und Schrecken.«

Dieser Traum erinnerte sie daran, dass sie als Kind immer wieder gesagt bekommen hatte, sie müsse sich beeilen, weil sie sonst zurückgelassen werde, weil sonst der »schwarze Mann« komme und sie mitnehme. Es waren Situationen, die Angst auslösten, und dieser Angst hätte sie nur entgehen können, wenn sie schneller gewesen wäre. Dieses Thema bestimmte ihre Albträume, bestimmte aber auch ihren Alltag. Sie hatte so sehr gelernt, schnell zu sein, dass sie nicht einmal mehr Zeit hatte, ihre Ideen anzusehen. Und der Angst, der sie dadurch entgehen wollte, entging sie dadurch gerade nicht – im Gegenteil: Die Angst wurde immer mehr. Verinnerlicht hatte sie als Komplexepisoden Situationen, in denen Brüder, Eltern, Lehrer sie zur Eile antrieben, verbunden mit der Drohung, dass sonst etwas »ganz Schlimmes« geschehen könnte, dass sie zerstört werden könnte. Solche Episoden werden als ganze verinnerlicht, und es ist hilfreich, sich bewusst zu machen, dass man sich nicht nur in der Kindposition befindet, sondern dass man die angreifenden Gestalten auch verinnerlicht hat: Sie selber hetzt sich, treibt sich an – obwohl sie weiß, dass dies das Problem mit der Angst nicht löst, sondern es verschärft. Das Problem zeigte sich auch in der Therapie. Oft beendete sie einen Satz nicht, weil etwas Neues auch schon halbwegs ausgedrückt werden sollte. Ich wies sie immer wieder darauf hin, dass genug Zeit sei, dass sie nicht in Gefahr sei, wenn sie sich die Zeit nehme. Und mit der Zeit konnte sie sich auch die Zeit für ihre Ideen nehmen: »Eine ganz Woche für eine Idee – und es ist nichts Böses passiert, im Gegenteil, es wurde prima.«

Wenn sie unbehandelt bleiben, bestimmen Komplexepisoden unsere Zukunft. Menschen sind auf Beziehungen hin angelegt. In der Beziehung zu uns wichtigen Menschen fühlen wir uns geborgen, erleben wir uns in unserer Identität. Menschen, denen wir vertrauen, sind besonders hilfreich in der Auseinandersetzung mit schwierigen Erfahrungen im Leben, vor allem auch im Bewältigen von Angstsituationen.[90] Doch nicht alle Beziehungen sind hilfreich. Besonders Beziehungen in der Kindheit, die sehr belastend waren, dysfunktionale Beziehungserfahrungen, die sich auch in der Gegenwart auf aktuelle Beziehungen übertragen, schlagen sich in sogenannten Komplexepisoden[91] nieder. Sie sind Knotenpunkte unserer Imaginationstätigkeit. Auch wenn das Gehirn in einer Ruhepause in einen Tagtraummodus fällt, sind es bestimmte Tagträume oder Vorstellungen, die dominieren: Die Komplexepisoden mit den damit verbundenen Emotionen bündeln die Vorstellungen. So fantasiert ein Mann, der schmerzlich erleben musste, dass sein Vater mit ihm immer wieder rivalisierte und dabei natürlich die Oberhand behielt, misstrauisch immer wieder Situationen, in denen er gerade von Menschen, von denen er sich Unterstützung erhofft, »untergebuttert« wird, oder aber er ertappt sich bei Imaginationen, in denen er in der Rolle seines Vaters andere »unterbuttert«. In der Opferposition spürt er Ärger und

Resignation, in der Angreiferposition nicht die Befriedigung, von der er denkt, dass er sie haben sollte.

Erwartungen, Sehnsüchte, Utopien – wenn sie überhaupt auftreten – bewegen sich unter dem Diktat der Komplexe nur in den Bahnen einer verfestigten Vergangenheit. Das heißt aber, dass man nicht zum eigenen Leben finden kann. Man lebt dann zwischen der Vergangenheit, die einengt und belastet, und der Zukunft, die Angst einflößt. Das einigermaßen freie Spiel der Imaginationen ist dann nicht möglich: Man imaginiert in starren Mustern, eben in den Mustern der Komplexepisoden.

Wichtige Erfahrungen in unseren Beziehungen – und diese sind emotional – werden verinnerlicht und beeinflussen auch wieder unsere Beziehungen zu den anderen Menschen, sowohl als Beziehungseigentümlichkeiten als auch in der emotionalen Tönung. Imaginationen in ihrer emotionalen Getöntheit beeinflussen Beziehungen, Beziehungen beeinflussen Imaginationen.

Die Seele hängt fest an einer schwierigen Beziehungssituation, die gelöst werden müsste. In den Emotionen, die mit den Komplexen verbunden sind, steckt auch die Energie, die es braucht, um sich davon zu befreien, um zu dem gehemmten Lebensthema zu finden. Sowohl die Arbeit an den Komplexepisoden als auch die Arbeit mit Träumen können diese Prozesse befördern.[92] Nicht ein Code von außen ist hier das Problem, sondern der Komplex-Code: Erinnerung und Erwartung sind geprägt von dieser Erfahrung und der damit verbundenen, starren Vorstellung.

Aber nicht nur Komplexe strukturieren unsere Fantasien, sondern auch konstellierte archetypische Felder, die im Zusammenhang mit den Komplexen stehen, ggf. auch in Kompensation dazu.

Archetypische Imaginationen

Es gibt nicht nur heute diese vorgefertigten Codes der Vorstellung. Religionen sind symbolische Systeme, und in diesen kommen auch Codes für ein gutes Leben zum Ausdruck. Nehmen wir zum Beispiel den Ausspruch und damit die religiösethische Überzeugung: »Herr, Dein Wille geschehe« (Mt 6,10). Damit ist nicht gemeint, dass die ganze Verantwortlichkeit an Gott delegiert wird, sondern dass der eigene Wille »durchdrungen [...] vom Willen Gottes« (Kol 4,12) sei,[93] dass ein umfassenderer Wille durch die menschlichen Willenshandlungen spreche. Natürlich kann dieser Ausspruch auch vereinfacht als Schwächung des eigenen Willens verstanden werden, als Absage an das eigene Denken. Gerade die vielen Hinweise, wie Leben gelebt werden könnte, die von den Religionen übermittelt werden, bergen alle die Gefahr, dass man sie auch als Codes nimmt und dass sie kein eigenes Leben erlauben. Im schlechtesten Fall ist dann ein Leben überschattet von Schuldgefühlen, weil man diesen Vorgaben nicht entsprechen kann. Auch hier gibt es die Falle einer kollektiv akzeptierten Vorstellung. Natürlich denkt man sich, dass seit der Aufklärung, seit die Menschen nicht mehr nur ein Buch haben, sondern viele und daher auch viele Anregungen für ein gutes Leben, diese Regeln hinterfragt werden. In der Philosophie ist das ein ständiges Thema.[94] In der Religion, im kulturellen Gedächtnis, überall, wo es kollektive Symbole gibt, handelt es sich um archetypische Vorstellungen, die unsere Fantasie auch strukturieren. Es ist vor allem C. G. Jung, der die Archetypen beschrieben hat. Das Konzept der Archetypen ist heute weit akzeptiert, es handelt sich dabei um anthropologische Konstanten.

Nach Jung geht es bei den Archetypen um »eine angeborene Disposition zu parallelen Vorstellungsbildungen, beziehungsweise um universale, identische Strukturen der Psyche, welche ich später als das kollektive Unbewusste bezeichnet habe. Diese Strukturen nannte ich Archetypen.«[95] Archetypische Bilder, archetypische Muster zeigen die Struktur der Bilder auf, in denen sich die Psyche im Allgemeinen zeigen kann und die den Emotionen, die biologisch angelegt sind, ihre möglichen Formen geben. Seele zeigt sich auch in archetypischen Bildern.

»Archetypen in der praktischen Erfahrung [...] sind Bilder und gleichzeitig Emotionen.«[96] Archetypische Felder vermitteln also den Emotionen eine bestimmte Strukturdynamik. Archetypen zeigen sich da, wo Fantasie sich frei betätigt. »[...] der Archetypus ist eine Figur, sei sie Dämon, Mensch oder Vorgang, die sich im Laufe der Geschichte da wiederholt, wo sich schöpferische Fantasie frei betätigt.«[97] Zu solchen archetypischen Figuren gehört übrigens auch die »Meerjungfrau«, die in auch voneinander weitgehend unabhängigen Kulturen erscheint, etwas eingefärbt durch die jeweilige Kultur. So wird, wer vom Fleisch der Meerjungfrau Ningyo isst, unsterblich – so sagt uns der japanische Volksglaube. Glücklich werden die, die dieses begehrte Fleisch essen, allerdings nicht.[98] Im europäischen Raum verführen Meerjungfrauen die Seeleute, ziehen sie manchmal unter Wasser, können aber auch helfen, Stürme zu überleben, die Zukunft vorauszusehen.

Archetypische Muster, die die Grundbedürfnisse der Menschen regeln, stehen auch hinter den Komplexen, die gerade dann entstehen, wenn Grundbedürfnisse nicht erfüllt werden. Da Archetypen »regulierend, modifizierend und motivierend in die Gestaltungen der Bewusstseinsinhalte«[99] eingreifen, gehen von ihnen nach Jung die Impulse zur Selbstregulierung der Psyche im weitesten Sinne aus. Sie strukturieren Emotionen und Vorstellungen, meistens vermittelt durch Komplexe, und bringen oft auch das, was fehlt.

Archetypen werden erlebt in Form von archetypischen Vorstellungen und archetypischen Bildern, die sich in Träumen, in Fantasien, in Mythen zeigen. Sie bringen Emotionen in bestimmte Formen und machen auch – in Abgleichung zu Bekanntem – neues Verhalten möglich. Sie erlauben aber nur bestimmte Formen der Fantasie und der Emotion, bilden also auch Struktur. Sie gehören zu unserer biologischen Grundausstattung, sind aber auch kulturell überformt. Archetypische Bilder müssen gestaltet, in die Sprache der Gegenwart gefasst werden, die sich mit dem Zeitgeist ändert. »Die Urbilder sind unendlicher Wandlung fähig und bleiben doch stets dieselben, aber nur in neuer Gestalt können sie aufs Neue begriffen werden. Immer erfordern sie neue Deutung, sollen sie nicht wegen zunehmender Altertümlichkeit ihres Begriffes ihre Bannkraft [...] einbüßen.«[100] Wenn sie nicht schöpferisch bearbeitet werden, man sich nicht mit ihnen auseinandersetzt oder der emotionale Zugang zu ihnen fehlt, dann sind das auch alte Muster, die wie Codes wirken. Es ist zwar interessant, die vielen verschiedenen Meerjungfrauen in ihrem Kontext in der ganzen Menschheitsgeschichte zu studieren, aber wenn sie nicht emotional berühren und zur Auseinandersetzung anregen, können sie ein Aspekt eines geheimnisvollen Frauenbilds sein, mit dem sich eine Frau sogar identifizieren kann, ohne dass eine innere Belebung einsetzt.

In die Sprache der Gegenwart zu übersetzen meint auch, diese Bilder in den Kontext des eigenen aktuellen Lebens zu stellen. Dann wird aus der Spannung heraus Entwicklung möglich, werden zukünftige Entwicklungen angepeilt. Das heißt: Die Grundmuster bleiben dieselben, es gibt aber einen Spielraum, der dadurch entsteht, dass diese Muster sich in Menschen zeigen, die in einer bestimmten Zeit und einer bestimmten Kultur leben, wodurch diese Muster auch verändert werden. Am Beispiel der Trauer wird dies deutlich: Bedeutsame Verluste lösen Gefühle der Trauer aus. Wenn man sich diesen Gefühlen überlässt, setzt ein Trauerprozess ein, ein emotional belastender, aber auch befreiender Prozess, der es ermöglicht, dass man sich ablösen kann von dem, was verloren gegangen ist, und man sich wieder neu auf sich selber und dann auch auf das Leben konzentrieren kann. Dieses »Muster« ist bei allen Menschen in etwa gleich. Dann aber gibt es kulturelle Unterschiede im Ausdruck der Trauer, auch in der Forderung, wie Trauer zu bewältigen sei. Es gibt aber auch zeitbedingte Unterschiede: Heute wird zum Beispiel kaum noch Zeit für Trauer zugestanden und damit auch die Trauer pathologisiert. Dann gibt es aber auch noch etwas ganz anderes: speziell zusammengestellte Gruppen, in denen miteinander getrauert wird, neue Trauerrituale gesucht und gefunden werden.

Die Übersetzung von Mythen in die Sprache der Gegenwart erfolgt heute zum Beispiel auch in den Comics, und die alten Mythen werden dadurch mit Hilfe der Populärmedien einem großen Publikum neu vermittelt. Trickfilme aus den Disney-Studios arbeiten mit mythischen Stoffen: zum Beispiel »Amor und Psyche« in der Märchenfassung von »Die Schöne und das Biest«. Statt Heinzelmännchen gibt es jetzt die verschiedenen Roboter, etwa Haushaltsroboter, die in der Science-Fiction-Literatur, und nicht nur dort, auftreten. Die Taten des Herakles spiegeln sich in den Taten der Westernhelden, wie denn überhaupt die Heldenmythen in Superman, Spiderman usw. immer noch Hochkonjunktur haben. Etwas weniger augenfällig und laut ist diese Übersetzung von Mythenstoffen in zeitgenössischen literarischen Werken anzutreffen, auch in der Renaissance der Engel, die in den letzten Jahren zumindest in Europa und in den USA eingesetzt hat.

Dass die alten Mythen in neuem Gewand auftauchen, erstaunt wenig, denn in Literatur und Film sind immer wieder grundlegende Menschheitsthemen wie Liebe, Trennung, Kampf, Sieg, Niederlage, Verlust, Neuwerdung, Alter, Tod dargestellt, beschrieben und bedacht worden. Indem wir zu solchen kulturellen Erzeugnissen, die unser Interesse zu fesseln vermögen, in Kontakt treten, wird unsere eigene Imagination, unsere Vorstellungskraft aktiviert. Wir verstehen die Lebensthemen, die bei uns anstehen, in Resonanz zu dem, wie Menschen »immer schon« mit diesen Themen umgegangen sind: Bilder des persönlichen Lebens können mit Bildern der Kultur und damit auch des kollektiven Unbewussten abgeglichen werden und sich wechselseitig beeinflussen. Dadurch wird die Bilderwelt in unserer Psyche belebt, Erinnerungsbilder und Sehnsuchtsbilder werden lebendig, wir fühlen uns wieder lebendiger, spüren unsere Gefühle wieder besser und sind dadurch näher bei uns selbst, haben aber auch neue Themen, die uns interessieren, die wir reflektieren. Wir erfahren in der Folge unser Leben als sinnvoll, erleben Sinn.[101]

Codes waren also auch in der Vergangenheit schon immer vorhanden. Für unsere Vorstellungskraft stehen immer wieder Muster zur Verfügung: zum einen intrapsychische, zum anderen mehr ausgestaltete, die dadurch auch von den Werten beeinflusst sind, die in der aktuellen Zeitsituation gelten. Werden diese Muster nicht hinterfragt, sondern dankbar und gedankenlos übernommen, fehlt der menschliche Freiraum, fehlt der Raum für Kreativität, fehlt die Möglichkeit, in Resonanz zu anderen Menschen und zur Welt zu sein.

Wenn wir in den wichtigsten emotionalen Lebenssituationen nur noch kollektiven Codes entsprechend reagieren, wird die Gesellschaft in emotionalen Belangen starr und unkreativ. Nach Illouz erleben wir Enttäuschung aufgrund der Codes, die wir im Alltagsleben anwenden. Die kollektiven Codes tragen eben gerade dann nicht, wenn sich eine gravierende Lebensveränderung, ein Schicksalseinbruch ereignet. Dann ist man im Leeren, braucht Gefühle, auf die man sich verlassen kann. Andererseits sind es gerade die Krisen, die bewirken, dass diese Codes als Codes entlarvt werden, in denen man sieht, dass die geborgten oder sich angeeigneten Lebensziele nicht tragen und man eigene Lebensziele, auch wenn sie wenig spektakulär sind, formulieren muss. Dazu ist es hilfreich, wenn Vorstellungen zu Imaginationen werden, zu bewegten Bildern, zu Abbildungen von Möglichkeiten, zu denen wir in Beziehung stehen können. Fantasie wird hier nun verstanden als die innere Fähigkeit, Möglichkeiten auch in der äußeren Welt auszuprobieren. Es hilft, sich auszumalen, wie sich denn gewisse Entscheidungen anfühlen und wie diese auf das eigene Selbstbild zurückwirken. Das mag sich in Entscheidungen zeigen: Wie fühlt es sich an, und wie stelle ich mir mein Leben vor, wenn ich eine bestimmte Stelle annehme oder wenn ich etwa auswandere? Eine Mischung von Vorstellungen und Gefühlen wird erlebt – und möglicherweise lassen wir uns in einen großartigen Tagtraum entführen: die große Erfindung mit einem Team an einer der besten Universitäten der Welt. Oder anders: Wie wäre mein Leben, wenn ich mich von allem überflüssigen Kram trennen würde? Wenn einen die Realität wieder einholt, weiß man zumindest, wo denn eigentlich die Visionen lägen und man kann die Wünsche mit den realen Möglichkeiten abgleichen.

Imaginationen können auch sehr präzise sein, wie sie sich etwa in den Briefen aus der Zukunft zeigen: Wie wird es sein, wenn ich alt bin und nur noch mit einem Rollator gehen kann? In dieser Imagination werde ich mich nicht mehr im Haus am Meer mit der unendlich langen, steilen Treppe sehen. Und die Imagination betrifft auch meine Innenwelt: Wie werde ich mich fühlen, wenn ich unten an der Treppe stehe, die ich nicht mehr bewältigen kann? Kann ich einwilligen in diesen Verlust, mich darauf besinnen, was noch geht – und wie empfinde ich dieses Gefühl? Oder werde ich Menschen damit beauftragen, mich hinaufzutragen?

Was braucht es, um diese präzisen Imaginationen zu haben? Es braucht eine Kenntnis von sich selbst, von unserer Identität. Ich muss von mir wissen, dass ich mich nicht ohne Not immer wieder eine Treppe hochtragen lasse, das könnte ich mit meinem Selbstbild nicht vereinen. Ich weiß aber, dass es zu mir passt, in schwierigen Situationen immer wieder einen neuen Weg zu finden.

Dafür sind Imaginationen auch da: sich vorzustellen, dass man überhaupt Möglichkeiten hat, diese sich einfallen zu lassen und sich vorzustellen, wie sie sich denn auf das äußere Leben, aber auch auf das Erleben der Identität auswirken. Um sich das vorzustellen, müssen wir uns Zeit lassen, uns auf diese

Fantasien, die ja meist vorhanden sind, einzulassen. Dabei beziehen sich diese Imaginationen auf die Beziehung zur äußeren Welt, aber auch auf die Beziehung zu sich selbst. Es geht darum, erfinderisch zu sein, dieses Erfinderische in einem selbst immer wieder zu üben. So kann es gelingen, sich schwierigen Situationen nicht einfach ausgeliefert zu fühlen, sondern eine gewisse Überzeugung zu haben, dass man auch mit schwierigen Lebensumständen umgehen kann. Dem Erleben der aktuellen Identität wird ein Aspekt der Identität in der Zukunft beigefügt, und dies gibt Hoffnung, dass auch die Zukunft, trotz aller Unsicherheiten, zu bewältigen ist. So besehen sind Imaginationen Ressourcen, die uns helfen, auch mit den Unsicherheiten in der Zukunft umzugehen.

Diese Freiheit, sich Möglichkeiten vorzustellen, haben wir dort nicht, wo wir noch zu stark unter dem Einfluss der Vergangenheit stehen, besonders unter dem Einfluss von schwierigen Beziehungserfahrungen. Wer zum Beispiel unter gnadenlosen Augen aufgewachsen ist und daher viele Situationen von Beschämung erlebt hat, wird, wenn er oder sie nicht an dieser Komplexepisode[102] gearbeitet hat, auch die Zukunft unter diesem Aspekt sehen: Die Fantasien dürfen sich gar nicht entwickeln, die Scham erstickt sie. Ähnlich verhält es sich mit der Angst: Viele Fantasien werden gar nicht zugelassen, weil sie Ängste auslösen. Und aus den Befürchtungsfantasien heraus findet man möglicherweise die »vorgefertigten« Fantasien, von denen man den Eindruck hat, sie seien alltagstauglich. Bei diesen Komplexepisoden handelt es sich oft darum, dass man die Beurteilung einer Situation einer Autorität, die einmal unser Leben bestimmt hat, übergibt, sie mit den Augen dieser Autoritätsperson sieht und damit der Vergangenheit verhaftet bleibt.

Wenn wir uns den kollektiven Codes übergeben, passiert etwas ganz Ähnliches: Das kollektive Bewusstsein übernimmt die Stelle der Autorität. Wie »man« denkt, wie »man« sich zu benehmen hat, was »man« spannend finden muss, ist bereits vorgeformt. Problematisch wird es, wenn es den Menschen gar nicht bewusst wird, dass sie kollektiv handeln und denken, aber meinen, sie führten ein höchst individuelles Leben. Das ist allerdings nur dann problematisch, wenn man der Ansicht ist, dass eine individuelle Identität und keine Konfektionsidentität für Menschen wichtig ist.

Man könnte diese Codes natürlich auch so verstehen, dass sie helfen zu leben. Sie wären dann Anreiz, tiefer in diese Codes einzudringen, sie lebendig werden zu lassen. Sie wären dann als ein Code zu verstehen, der sich entfalten kann und muss.

Geht man davon aus, dass eine entwickelte, kultivierte Innenwelt, die in Resonanz mit Mitwelt und Umwelt ist, Menschen mehr bei sich sein lässt, mehr innere Ruhe verspricht, mehr Sinn im Leben erleben lässt, dann ist das Problem entschieden dort zu sehen, wo die Imagination verkümmert, der schöpferische Aspekt nicht mehr gelebt wird, wodurch eine depressive Grundstimmung entsteht und sich eine Stimmung der Enttäuschung über das Leben legt.[103] Die Menschen wären dann zu wenig kreativ, würden ihre Freiheit zu wenig nutzen.

Unser Problem mit der Zeit und der Identität

Wenn ich postuliere, dass wir mehr Zeit für die Seele brauchen, dann will ich damit zum Ausdruck bringen, dass die Seele ein wichtiges »Organ« ist, das auch gepflegt werden muss. Einerseits war das immer schon ein menschliches Thema, andererseits scheint es so, dass uns heute im Zuge der erlebten Beschleunigung die Zeit knapp wird, sie uns vermeintlich auszugehen droht. Und natürlich wird sie dort gespart, wo sie sich auf den ersten Blick eh nicht rechnet: bei der Seele. Damit zeigt sich auch die Verbindung von Beschleunigung und Ökonomisierung.

Wir haben ein Problem mit der Dimension der Zeit: Wir Menschen müssen uns mit der subjektiven Erfahrung von Zeit arrangieren. In den Sozialwissenschaften und in der Philosophie spricht man heute von der »Verzeitlichung der Zeit«. Damit ist gemeint, dass über Dauer, Sequenz, Rhythmus und Tempo von Handlungen, Ereignissen und Bindungen erst im Vollzug, und das heißt: *in der Zeit selbst*, entschieden wird, sie folgen keinem vordefinierten Zeitplan mehr.[104] Das bedeutet, dass immer mehr aktuell, punktuell entschieden wird, längere Engagements vermieden werden, man bindet sich nur noch auf Zeit.

Erlebnisse haben keine Dauer. Sie sind präsentisch. Die Erfahrung hingegen ist »zeitintensiv« – sie hat ein Gedächtnis –, und sie entwirft sich in die Zukunft hinein. »Wird den Dingen das Gedächtnis genommen, werden sie zu Informationen oder auch zu Waren.«[105] Erlebnis ist dann Aktualität – mehr nicht. Erleben wird auf die Aktualität eingeschränkt, und das bedeutet, dass Verhalten, das sich auf die Zukunft bezieht oder auch auf die Vergangenheit, mitbetroffen ist: Verbindlichkeit, Treue, Versprechen, längeres Engagement gibt es kaum noch, wenn alles auf Kurzfristigkeit hin angelegt ist. Alles, was auf Dauer angelegt ist, wird unter dieser Perspektive in Frage gestellt. Das bedeutet aber für den Menschen, dass alles, was ein Gefühl von Geborgenheit im Leben auslösen könnte, in Frage gestellt wird; das löst wiederum latente oder manifeste Ängste aus. In der ökologischen Krise zeigt sich die Problematik mit dem Aktualitätsdenken deutlich, denn in diesem Zusammenhang müssen wir uns um die Zukunft bemühen, um Nachhaltigkeit – und dieses Bemühen steht in einem großen Widerspruch zu einem Denken, das die Probleme immer gerade nur für den jetzigen Moment löst.

Wird Gegenwart als Aktualität verstanden, verlieren wir die Dauer und damit das Gefühl, dass man sich auf etwas verlassen kann. Sich verlassen zu können, impliziert eine zeitliche Dauer. Können wir uns nicht mehr auf etwas oder auf jemanden verlassen, weil heute dies und morgen etwas anders gilt, so reagieren wir darauf mit Verunsicherung und Angst. Worauf soll man sich dann verlassen? Darauf, dass man sich auf nichts mehr verlassen kann? Ich kann mich weder auf mich selbst noch auf den anderen Menschen verlassen. Sich auf einen anderen Menschen verlassen zu können, ist aber wesentlich im Umgang mit Bedrohungen, mit all den Imponderabilien des Lebens. Es geht um das Vertrauen in die Bindung. Bindung, die Vertrauen ermöglicht, kann nicht etwas Punktuelles sein, dann schrumpft sie zum bloßen Kontakt zusammen. Bindung, auf die Verlass ist, muss als in die Zukunft reichend verstanden werden. Zumindest die Absicht muss erkennbar sein. Natürlich versprechen wir einander, dass wir füreinander da sein, füreinander einstehen werden, aber wir alle wissen auch, dass wir immer auch für eine Überraschung gut sind: Wir überraschen uns selber, das Leben überrascht uns, und die Überzeugung, dass wir mit einem Menschen alt werden wollen, kann ganz schön ins Wanken kommen. Das war wohl schon immer so bei Menschen – das Neue am Alten wäre nur, dass das Aktualitätsdenken die

Dimension der Dauer aus dem Blickfeld geraten lässt. Noch weniger Verbindlichkeit, noch mehr die unverbindliche Idee: Heute fühle ich so, und wie ich morgen fühlen werde, sehe ich dann morgen – und das bedeutet, dass ich mich auch umentschließen muss.

Eine sichere, von Vertrauen getragene Bindung zu anderen Menschen ist die größte Hilfe in der Begegnung mit der Angst.[106] Wenn wir uns wirklich nur noch mit der aktuellen Situation beschäftigten, würde dies eine zusätzliche Verunsicherung bewirken. Das ist möglicherweise der Grund, warum Verlässlichkeit in Beziehungen angestrebt wird, warum Menschen einander eine bewusste Anstrengung abverlangen, zuverlässig zu sein. Es mag schwieriger sein als früher, aber es ist auch eine bewusstere Haltung, die mit Krisen in der Verbindlichkeit offen umgehen will. Dass man einfach zuverlässig ist, weil keine andere Haltung möglich ist, weil es so gefordert ist, wird hinterfragt.

Sicher, wir müssen in der Gegenwart leben. Etwas anderes ist nicht möglich. Das ist aber etwas anderes, als im Augenblick zu leben. Im Augenblick zu leben hieße, auf die Erinnerung zu verzichten, aber auch auf die Vorstellungen von Zukunft und damit auf die Absicht und den Willen, Zukunft zu gestalten. Es bliebe nur noch ein »Durchwursteln« und vielleicht auch eine Resignation, die sich in großer Geschäftigkeit verbirgt. Wäre nur die Aktualität wichtig, würde die Vergangenheit ihres Wertes beraubt. Das zeigt sich etwa daran, dass Erkenntnisse von früher bereits »out« sind. Nur was ganz aktuell ist, ist im Gespräch. Will man im Gespräch bleiben, muss man sich immer wieder aktualisieren. Vor allem aber geht diese Haltung mit einer großen Entwertung der Vergangenheit, aber auch der Entwertung einer möglichen Zukunft einher.

Auf die individuelle Lebensgeschichte bezogen hieße das, dass die eigene Geschichte, die Geschichte der eigenen Erfahrungen, nicht mehr wichtig wäre, die Biografie würde auf den Jetztpunkt reduziert: heute die, morgen eine andere, woher ich komme, wohin ich gehe – das ist unwichtig. Das ist eine Schreckensvision einer nur noch punktuell erlebten Identität, die immer wieder beschworen wird, die ich aber im Grunde für unrealistisch halte. Auch Rosa ist der Ansicht, dass die postmoderne Identität zwar eine situative ist: Das Individuum, in verschiedenen Kontexten, lebt verschiedene Aspekte der Identität, nicht nur im Laufe seines Lebens, sondern auch gleichzeitig.[107] In der Folge entsteht so etwas wie eine transitorische Identität, doch das »in allen Praxiszusammenhängen entscheidungs- und handlungsleitende Identitätsgefühl«[108] geht dabei dennoch nicht verloren. Bei aller situativen Veränderung bleiben auch Kontinuität und Kohärenz. Im Vergleich zur sogenannten Normalbiografie werden aber immer wieder logische Zusammenhänge aufgebrochen: Der erste Beruf muss nicht der letzte sein, verlieben kann man sich ein paar Mal im Leben. Politische Überzeugungen hat man auch nicht ein für alle Mal – und vor allem: Man ist nicht mehr stolz darauf, dass man einer Überzeugung treu geblieben ist, sondern man akzeptiert, dass man »mehrere Seelen« in der Brust hat. Auch wenn die Beschleunigung ein soziologisches Konzept ist, das man hinterfragen kann, vom psychodynamischen Gesichtspunkt hat es durchaus etwas für sich. Der Individuationsprozess, ursprünglich von C. G. Jung beschrieben,[109] ist ein lebenslanger Entwicklungsprozess, der sich in der Auseinandersetzung zwischen dem bewussten Leben und den psychischen Erfahrungen und Reaktionen darauf ergibt. Er wird so beschrieben, dass immer wieder neue Aspekte der Psyche belebt werden und damit natürlich auch neue Einstellungen, neue Verhaltensweisen, dass vor allem auch Aspekte der Persönlichkeit, die im »Schatten« lagen, also verdrängt wurden, ans Licht kommen. Konflikte bewirken, dass abgespaltene Anteile ins Leben integriert werden, andere Aspekte aber auch abgelegt werden. Natürlich haben die aktuelle Welt, die gesellschaftliche Situation einen Einfluss auf diese Prozesse, sind Teil dieser Prozesse. Solange das Ich aber auch die Reaktionen aus dem eigenen Unbewussten wahrnimmt, ist das Gefühl der Identität in der Veränderung gewährleistet und als Kohärenz erfahrbar. Und da sich nie alles verändert, ist auch die Kontinuität vorhanden.

In den Lebensläufen heutiger Menschen mag es viel mehr Veränderung geben, als dies früher der Fall war. Werden starre Zusammenhänge aufgebrochen, kann das einen Bruch in der Biografie bewirken, der mit Identitätsunsicherheit, Depressionen usw. einhergeht. Dieses Aufbrechen kann aber auch als Möglichkeit der Neuorientierung verstanden werden. Ähnlich machen das ja auch unsere Träume: Situationen, die wir alle kennen, werden neu zusammengesetzt, wodurch eine neue Perspektive des Erlebens möglich wird. Da sieht sich zum Beispiel der unsichere Mann als großartiger Sänger, wie er ihn von einer von ihm bewunderten Band kennt, er freut sich und ist stolz. Nach dem Erwachen wundert er sich, fragt sich, ob er an Größenwahn leide oder ob er sich vielleicht doch zu wenig zutraue. Die Konsequenz: Er wird etwas mutiger, es gibt eine leichte Veränderung in seiner Identität als Sänger.

Wenn so viel Veränderung stattfindet, muss man sich zum einen darauf einstellen, das Unerwartete zu erwarten, also eine gewisse Kontrollallmacht aufgeben, mit Ungewissheit leben und sich schöpferisch immer wieder auf das Neue einstellen. Es braucht aber ebenfalls das Vertrauen darauf, dass man sich auf das schöpferische Umgehen mit schwierigen Situationen auch verlassen kann. Mehr noch: Es wird zunehmend wichtiger werden, dass man sich mit anderen Menschen zusammentun kann, dass man auch miteinander Herausforderungen meistert. Sich verbindlich mit anderen zu vernetzen, und sei es nur für die Lösung eines dringenden Problems, wird immer wichtiger werden. Vielleicht werden auch überhaupt neue Formen des Zusammenhalts wichtig werden. Das bewirkt, dass wir im Zusammensein mit anderen Menschen aktiv sein können, selbstwirksam sein können – und nicht resignieren.

Vom Einzelnen braucht es eine kontinuierliche Anstrengung, immer wieder Kohärenz im eigenen Selbstbild und in der Biografie herzustellen. Es gilt, Verbindungen von jetzt zu früher und zu später herzustellen, die das jeweilige, aktuelle Leben als sinnvoll erscheinen lassen. Erlebnisse müssen dabei zu Erfahrungen werden, sie müssen im Gefühl verankert werden; die narrative Verbindung von Aktualität, Vergangenheit und Zukunft sollte bestehen bleiben, und wird dies wohl auch. Es gibt das Aktualitätserleben, es gibt aber auch das Bedürfnis nach Dauer. Beides steht heute in einer größeren Spannung zueinander als in früheren Zeiten. Diese Spannung muss ausgehalten werden. Es ist wohl kein Zufall, dass das Lebenswerk von Marcel Proust »Auf der Suche nach der verlorenen Zeit« heute so oft neu reflektiert wird. Daniel Binswanger schreibt in seiner Erinnerung an Proust: »Er wusste, dass diese Erinnerung nur dann existiert, wenn sie zu einer sinnlichen Erfahrung wird. Um die Vergangenheit dem Vergessen zu entreißen, muss man sie sehen, schmecken, riechen können.«[110] Um dem Aktualitätsdenken die Dauer zur Seite zu stellen, braucht es sowohl die sinnlichen Wahrnehmungen als auch die sinnenhafte Erinnerung, die Imagination mit allen Sinnen. So kann dann Biografie auch erzählt werden. Und wir erzählen immer wieder unsere Geschichte. Über diese narrative Verbundenheit hinaus gibt es viele weitere Verbindungen, die zeigen, dass auch postmoderne Menschen sich immer wieder um ihr Identitätsgefühl und um Kontinuität und Kohärenz bemühen, trotz aller Umbrüche. Postmoderne Menschen, die mobil sind, viele Umbrüche hinter sich haben, sind dennoch auch um Kontinuität besorgt: So hört und liest man immer wieder davon, wie Menschen beschreiben, welche Gegenstände sie durch alle Umzüge hindurch gerettet haben. Menschen, die eine Beziehung zu Büchern haben, haben meistens ein paar Bücher, die allen Räumungsversuchen widerstanden haben und die immer wieder einmal in die Hand genommen werden. Wer mehr Platz hat, hat eine ganze Bibliothek von Büchern, die als Wegmarken der eigenen Lesebiografie verstanden werden. Die Erinnerungen müssen auch sinnlich erfahrbar sein, um die Gefühle der Identität zu nähren. Das sind »Übergangsobjekte«, die Verbindungen zur Vergangenheit und zur Zukunft schaffen und damit Kontinuität in der Lebensgeschichte – trotz aller Veränderungen – ermöglichen.

Der Schatten der Beschleunigung

Die Beschleunigung hat auch einen Schatten, den Stillstand. Das leuchtet jedem Menschen ein, der auf der Autobahn im Stau steht oder der, völlig unbeweglich, mit großer Geschwindigkeit im Flugzeug durch die Welt transportiert wird. Darauf weist auch Rosa hin, wenn er schreibt, »dass die scheinbar grenzenlose Offenheit moderner Gesellschaften und ihr rascher Wandel nur Erscheinungen an der ›Benutzeroberfläche‹ sind, während ihre Tiefenstrukturen unbemerkt verhärten und erstarren. *Obwohl nichts bleibt, wie es ist, ändert sich doch nichts Wesentliches mehr;* hinter aller Buntheit verbirgt sich nur *die Wiederkehr des Immergleichen,* so lauten die Erstarrungsbefunde, die sich zu einer komplementären Kehrseite der Beschleunigungsdynamik verdichten und in der Metapher des *rasenden Stillstandes* ihren sprechenden Ausdruck finden.«[111]

Die Beschleunigung hat einen Schatten: den »rasenden Stillstand« und letztlich die Erstarrung. Spricht man von Beschleunigung, dann ist immer auch an den Stillstand zu denken. Stillstand, nicht nur in der äußeren Welt, in der wir dann unseren still gehaltenen Körper künstlich wieder bewegen müssen, sondern auch Stillstand in der inneren Welt: vor lauter Aktivismus etwa keinen Sinn mehr für Persönlichkeitsentwicklung zu haben. Nach Rosa ist diese Erstarrung unter anderem in der Depression zu finden: »Stets geht es um einen psychischen Zustand, der *angesichts der Unfähigkeit der Seele, ihre Energie auf ein festes, beständiges, für lohnenswert erachtetes Ziel zu richten und tatkräftig zu entfalten,* durch eine gleichsam künstliche

Trägheit, Öde und Leere (bei gleichzeitiger innerer Rastlosigkeit), durch ›Seelenlähmung‹ gekennzeichnet ist.«[112] Selbst wenn dies noch eine individuelle Erfahrung von »Empfindsamen« ist, so meint Ehrenberg, könnte es doch zu einer »strukturell unausweichlichen Allgemeinerfahrung«[113] werden.

Nimmt man diese Aussagen beim Wort, dann könnte eine Gegenbewegung dadurch entstehen, dass die Seele ihre Energie wieder auf Ziele hin richten könnte, die lohnenswert sind. Es ginge also darum, die Bedürfnisse der Seele wieder zu beachten. Die Bedürfnisse der Seele sind ausgedrückt in den Träumen, in den Imaginationen – sie müssen ernst genommen werden, und dazu braucht es Zeit.

Dem inneren Hetzer entgehen

»Nicht ›Entschleunigung‹ ist das Ziel, sondern ›Enthetzen‹, also der Verzicht auf überflüssiges Tempo. In anderen Worten: Es geht darum, allen Geschehnissen, allen Dingen und Aufgaben eine jeweils angemessene Geschwindigkeit zu geben«[114], so die Idee von Geißler. Und dann folgt ein Plädoyer für den Wert der Geduld, der Gelassenheit, der Beharrlichkeit, der Langsamkeit. Das wäre sicher wünschenswert. Aber geht das so leicht?

Wie leicht ertappt man sich dabei, dass man sich innerlich gehetzt fühlt: Schnell noch etwas nachsehen, eine Mail beantworten, auch schnell noch spazieren gehen. »Jetzt mache ich noch schnell …« ist eine Redewendung, die viele Zeitgenossinnen und Zeitgenossen gedankenlos gebrauchen, vielleicht sogar noch stolz darauf sind, dass sie alles so schnell machen können. Das ist aber noch nicht gehetzt. Gehetzt fühlen wir uns dann, wenn wir mit hängender Zunge immer leicht zu spät kommen oder gerade noch »auf den letzten Drücker«, ohne Möglichkeit, aufzuatmen, durchzuatmen, wahrzunehmen, wie denn an diesem Tag die Luft riecht. Die Beschleunigung, verbunden mit dem Effizienzleistungsdruck, die »man« heute erlebt, bewirkt auf der individuellen Ebene dieses Gehetztsein. Sennett meint allerdings, die Hetzerei sei selbstgemacht: »Die Menschen treiben sich selbst zu Höchstleistungen, weil sie mit sich selbst konkurrieren. Ständig versucht man, sich selbst durch Erfolge zu beweisen, aber keine Leistung wird jemals als sicherer Beweis für ausreichendes Bemühen empfunden.«[115] Weil man nie gut genug ist, weil es nie gut genug ist, hetzt man sich. Er sieht das Sich-Hetzen im Zusammenhang mit Perfektionismus, aber auch mit dem Wunsch, dass doch von irgendwoher die Bestätigung kommen möge, dass man genug gemacht hat, dass es gut genug ist. Der Perfektionismus zielt auf einen Idealzustand. Der ist aber niemals Realität. Die Suche nach einer Lösung, die »gut genug« ist, wäre menschlicher: Sich selber so einzusetzen, dass es gut genug ist, von sich selber zu erwarten, dass man nicht perfekt, sondern gut genug ist, würde der Selbstüberforderung abhelfen.

Sich zu hetzen kann auch mit einem Gefühl von Stolz, mit einem guten Selbstwertgefühl verbunden sein: Man gehört dazu, man ist effizient, natürlich ein Opfer der Umstände, aber man geht nicht unter. Problematisch wird es erst, wenn sich Erschöpfungssyndrome zeigen, etwa im »Burnout« als einer Entwicklung, die zu Krankheit führen kann. Versteht man Burnout als eine Problematik, die aus einer ungenügenden Stressverarbeitung resultiert (es gibt durchaus auch andere Aspekte)[116], dann gilt als ein Stressverstärker ein innerer Antreiber, dem auch ein innerer Bremser gegenübersteht. Der Antreiber hetzt: schneller, intensiver – andere können das doch auch … Der innere Hetzer, die innere Hetzerin muss wahrgenommen werden, etwa in einer gefühlten Atemlosigkeit, und dann muss er oder sie befragt werden: Warum, wozu ist das gut? Was bringt mir das? Besonders problematisch ist dieser innere Hetzer, die innere Hetzerin in Situationen, in denen hohe oder zu hohe Anforderungen an uns gestellt werden, sodass wir dadurch überfordert sind und uns dennoch einreden, dass wir es schaffen können, jetzt erst recht. Diese fehlende Empathie mit den eigenen Grenzen, verbunden mit einer zur Gewohnheit gewordenen Hektik und Hetze, führen zur Erschöpfung.

Stressreaktionen haben das Ziel, durch Mobilisierung von Energie und kompetentem Handeln ein dringendes Problem zu lösen. Die Stressreaktionen beziehen sich auf körperliche Wahrnehmungen, auf Emotionen und auch auf gedankliche Prozesse. Sind solche Stressreaktionen vorübergehend, erleben wir sie als Herausforderungen; wenn sie aber gehäuft vorkommen, verausgaben wir uns – und oft wissen wir auch nicht, ob es überhaupt einen Sinn hat. Als beeinträchtigend werden Stresssituationen erlebt, die man selber nicht oder nur wenig beeinflussen kann, bei denen die Selbstwirksamkeit also eingeschränkt ist, Einsatz und Ertrag nicht übereinstimmen. In der Folge ist das Selbstwertgefühl verletzt. Siegrist weist auf eine weitere wichtige Dimension: In der Arbeitswelt werden durch diese beeinträchtigenden Stresssituationen die sozialen Beziehungen geschwächt und Gefühle der Zugehörigkeit unterbunden.[117] Damit wird noch einmal deutlich, wie sehr die menschlichen Beziehungen, die Erfahrung, in Beziehungen zu stehen, ein Gefühl der Geborgenheit und der Sicherheit am Arbeitsplatz bewirken, sodass auch Herausforderungen besser bewältigt werden können. Wenn aber die Arbeit schnell gewechselt wird, wenn man jeweils nicht mehr lange am gleichen Arbeitsplatz ist, sondern zum Beispiel nur für bestimmte Projekte, dann leidet darunter das Beziehungsnetz. Im Beziehungsnetz vertraut man auch auf Gefühle der Solidarität in einer bestimmten Situation, und man weiß, dass man zusammenarbeiten kann, zusammen etwas erreicht, vertraut aber auch darauf, dass man sich gegenseitig hilft, wenn es ganz übel wird.

Gewiss, der innere Hetzer, die innere Hetzerin ist in dieser Stressdynamik nur ein Faktor unter anderen, meines Erachtens aber ein sehr wichtiger Faktor. Gehetzt haben wir auch keinen Sinn mehr für menschliche Beziehungen, es sei denn, die anderen würden sehr schnell etwas von dem beitragen, was man dringend benötigt. Gehetzt hetzt man die anderen – und irgendwann gibt es eine allgemeine Hetzerei. Eigentlich hätte man frei, Zeit, auszuspannen, doch da entdeckt man, wie man innerlich aufzählt, was alles noch gemacht werden muss. Angesichts von so viel Hetze heißt es: Durchatmen, zu sich selber kommen. Was bringt die Hetzerei? Dass sie oft nichts bringt, ja sogar größere Probleme verursacht, kennen wir aus dem Alltag. Noch rasch etwas im Computer schreiben – und natürlich abspeichern. Und in der Hetze machen wir einen Fehler, der uns, wären wir etwas ruhiger gewesen, niemals passiert wäre.

Durchatmen. Unsere Sinne befragen, was es denn sonst noch gibt in der Welt. Aber vielleicht auch in andere Verhaltensweisen einwilligen, einwilligen, dass man nicht mehr bereit ist, sich so hetzen zu lassen. Vielleicht stört das im Moment ein wenig das gute Selbstwertgefühl, das Gefühl, bei der Hetze mithalten zu können. Doch was taugt ein gutes Selbstwertgefühl, das darauf beruht, dass man sich hetzen kann? Werden Füchse bei der Fuchsjagd gehetzt, so haben wir Mitleid mit ihnen. Und mit uns selbst? Empathie mit uns selbst ist gefragt. Das Sich-Hetzen als verborgener Wert muss hinterfragt werden. Doch zeigen werden wir unser Gehetztsein in der Regel nicht, sondern wir decken es gelassen und cool zu. Die Selbstregulation setzt allerdings spätestens dann ein, wenn man nicht mehr kann, wenn alles erstarrt ist – oder weniger dramatisch: wenn das ganze eigene Hetzen am Widerstand der Mitwelt scheitert, die einfach nicht mehr mitspielt. Die meisten Menschen haben so etwas wie einen inneren »Antreiber« oder eine innere »Antreiberin«: Du musst, du sollst, mach jetzt … Wie diese jeweils gestaltet sind, hängt mit unserer Lebensgeschichte zusammen, wir bringen sie aus unserer Vergangenheit mit. Wenn sie auffällig sind, haben wir sicher auch daran gearbeitet: Wir wollen das eigene Leben leben, uns nicht von Beziehungspersonen aus unserer Vergangenheit sagen lassen, was und in welcher Form wir etwas zu tun oder zu lassen haben, wir wollen uns nicht von ihnen antreiben lassen. Manchen moderaten inneren Antreibern und Antreiberinnen sind wir aber auch dankbar. Wenn sich heute diese Antreiber im Bereich des Sich-Hetzens zeigen, dann müssen auch sie hinterfragt werden: Hindern sie uns daran, andere wichtige Aspekte der eigenen Persönlichkeit und des Miteinanders mit Mitmenschen zu leben? Leben wir fremdbestimmt? Überfordern wir uns? Wollen wir im Konkurrenzkampf durch Hetze bestehen, schaden uns jedoch dadurch? Macht das alles einen Sinn?

Muße – die Gegenerfahrung

Die Beschleunigung des Lebenstempos, das Sich-Gehetzt-Fühlen, das Lebensgefühl, man hetze immer hinter etwas her und verpasse dabei das Wesentliche, bringt es mit sich, dass subjektiv empfunden zu wenig Zeit da ist, um Erlebnisse zu Erfahrungen zu machen, die man auch mit anderen Menschen teilen kann und die auf diese Weise in den eigenen Lebenslauf eingebaut und auch mit anderen Menschen verbunden werden können. Meine Autobiografie ist nie nur meine eigene Geschichte, sie ist in vielfältiger Weise mit den Geschichten von Menschen, die mir nah sind, verbunden. Heute wird nach Wurzeln gesucht – das Bedürfnis, dazuzugehören, Wurzeln zu haben – das ist eine Gegenreaktion gegen die beschleunigte Veränderung, die wohl zu einem Teil auch herbeigeschrieben wird.

Im Gehetztsein hetzen wir irgendwohin, von uns weg, wir entfremden uns von uns selbst. Wir fühlen uns nicht mehr in Übereinstimmung mit unseren körperlichen Rhythmen, auch nicht mit den Bedürfnissen unserer Innenwelt – und alle die Vertröstungen auf eine bessere Zukunft helfen nicht. Die innere Lebendigkeit, die Entwicklung von Vorstellungen, die mit dem zu tun haben, was uns selber wichtig ist, das Erleben von schöpferischen Imaginationen – sie können sich nicht in einem Zustand des Gehetztseins entwickeln; dazu braucht es Zeit und Muße.

Im griechischen Altertum bedeutete Muße (*schole*) sowohl das Freisein von Staatsgeschäften als auch von Erwerbsarbeit. In der Muße verfügt man über die eigene Zeit, und dennoch ist es nicht einfach Freizeit. Muße bedeutete, frei zu sein zum Denken, frei zu sein, um sich philosophische Fragen zu stellen, sich der Schönheit zuzuwenden, sich den Dingen zuzuwenden, die unveränderlich sind.

Die Muße wird von Pieper verstanden als eine Haltung, die den Anforderungen der Arbeitswelt entgegengesetzt ist. Es ist eine Haltung der inneren Ungeschäftigkeit, der Ruhe, des Geschehenlassens.[118] Dies sieht er als Voraussetzung dafür, dass man »hört«, was in einem vorgeht. Es ist eine Haltung, in der man sich öffnet, nicht gleich wieder zupackt, sich loslässt, sich dem Strom der inneren Bilder oder der Gefühle überlässt – ähnlich wie im Schlaf. Einfälle können sich ereignen – und gelegentlich braucht man dann harte Arbeit, um diese Einfälle zu Einsichten werden zu lassen. Sich treiben lassen, fließen lassen, ähnlich wie wenn man spielt, ohne Absicht – und dann können sich Anregungen, Inspirationen ereignen. Muße ist nicht ökonomisch verzweckt. Sie nützt nichts, hat nach Aristoteles, auf den Pieper sich bezieht, aber doch einen höheren Rang als die »*Vita activa*«. Ihr Sinn ist nach Pieper, »dass der Funktionär Mensch bleibe«[119], dass Menschen nicht nur funktionieren, nützlich sind, sondern dass sie zeigen, dass sie auf das »Ganze des Seins angelegte Wesen«[120] sind. Sich den Raum für die Muße zurückzuerobern, war um 1947, als Pieper den Aufsatz schrieb, bereits ein Problem. Er vermutete, dass viele Menschen schon die seelische Kraft zur Muße verloren hätten, denn der sogenannte Müßiggang sei eine der »Afterformen der Muße«[121] geworden. Das geforderte Offensein in der Haltung der Muße ist auch nicht einfach. Muße ist eine Haltung, die uns dann gelingt, wenn wir in genügendem Maße einverstanden sind mit uns selbst. Sind wir mit uns zerfallen, dann kann die Konzentration auf uns selbst auch sinnvoll sein, aber dann werden wir mit inneren Konflikten konfrontiert, haben nicht diese Haltung der Offenheit, des Geschehenlassens, des Fließenlassens.

Die Haltung der Muße ist eine Haltung, die die Innerlichkeit des Menschen ernst nimmt. Natürlich werden wir Muße nicht immer in dieser radikalen Form verstehen. Wichtig dabei ist aber die Idee, dass diese Haltung eine Ergänzung zur Arbeitshaltung ist, es ist eine Haltung, die uns Mensch sein lässt, die uns einen Raum zugesteht, in dem wir ohne schlechtes Gewissen spielen dürfen, wo unsere Imaginationen sich entwickeln und unsere Gefühle und Stimmungen sich ausdrücken dürfen. Wenn wir uns innerlich gehen lassen können, treffen wir nicht selten auf Eindrücke, die noch aus Nachtträumen stammen, oft nur andeutungsweise, die aber dennoch Stimmungen und Erinnerungen mit sich bringen, denen wir nachhängen und die uns beglücken können, nachdenklich machen, oder wehmütig – kurz: lebendig. Aus den Stunden und den Räumen der Muße nimmt man meistens etwas mit für die Außenwelt, für den sogenannten Alltag. Auch wenn die Muße zunächst zweckfrei sein soll, weil sonst die Offenheit, die sie auszeichnet, nicht möglich ist, nützt sie dennoch etwas: Innenwelt und Außenwelt werden miteinander verbunden – wir sind wieder »ganze Menschen«. Die Effizienz der Marktwirtschaft sollte übrigens die Menschen ökonomisch entlasten und es ihnen ermöglichen, sich anderen Gebieten des Lebens, der Kunst, der Philosophie, der Muße zuzuwenden. So dachten, nach Rosa, etwa Adam Smith oder Ludwig Erhard.[122] Dass diese Effizienz immer mehr wird, zu einem dynamisierten Selbstläufer, war damals offenbar nicht vorstellbar.

Langeweile

Wenn wir unserer Innenwelt Raum und Zeit geben und die Muße pflegen, so mag uns etwas »anspringen«, haben wir eine Inspiration, die Innenwelt und Außenwelt miteinander verbindet. Aber auch wenn wir in der Haltung der Muße sein möchten und versuchen, unvoreingenommen offen zu sein, soweit das geht, wenn wir uns vielleicht auch etwas weniger ambitioniert einfach unserer Innenwelt zuwenden und nichts tun, wenn wir warten, erwarten, dass etwas geschieht, dann kann sich statt etwas Belebendem Öde breitmachen. Nichts fällt uns ein, außer, was wir noch alles vergessen haben, nichts spricht uns an, alles um uns herum wird immer weniger anregend. Nichts aus der Mitwelt interessiert uns, unsere Seele ist zu nichts in Resonanz, Lustlosigkeit verbreitet sich, Überdruss, vielleicht sogar Ekel. Wenn wir uns langweilen, fühlen wir uns unlebendig, ohne Antrieb, ohne Motivation, etwas anzugehen – wir erleben dann eine quälende Leere und haben doch den Anspruch, belebt zu sein. Diese Leere weckt Angst, im schlimmsten Fall sogar Todesangst, und muss deshalb abgewehrt werden. Wir haben Lange-Weile, wir hätten also Zeit, doch die Zeit wird uns jetzt auch lang, geht nicht vorbei, wird geradezu unser Feind. Abhilfe suchen wir in der Kurz-Weil: Wir suchen dann Stimulation, ohne dass etwas eine Chance hat, uns wirklich anzuregen. Wir sind erstaunt und erschrocken darüber, wie wir uns fühlen, welche Unsicherheiten in uns aufbrechen, welche Bedrohungen. Statt dass inspirierende Fantasien von neuen Lebensmöglichkeiten aufbrechen, sich eine neue Lebendigkeit zeigt, erleben wir Langeweile.

Blaise Pascal schrieb über die Langeweile: »Nichts ist dem Menschen unerträglicher als völlige Untätigkeit, als ohne Leidenschaften, ohne Geschäfte, ohne Zerstreuungen, ohne Aufgabe zu sein. Dann spürt er seine Nichtigkeit, seine Verlassenheit, sein Ungenügen, seine Abhängigkeit, seine Unmacht, seine Leere. Allsogleich wird dem Grunde seiner Seele die Langeweile entsteigen und die Düsternis, die Trauer, der Kummer, der Verdruss, die Verzweiflung.«[123] Pascal beschreibt die Langeweile drastisch in ihrem Zusammenhang mit einem Gefühl der Leere, der düsteren Verstimmung und der Verzweiflung. Für ihn ist Langeweile ein Synonym für die Verdüsterung des

Gemüts. Wenn wir uns Zeit nehmen, einmal nichts machen, uns auch nicht ablenken, so hoffen wir, dass uns etwas einfallen möge, ein neues Interesse aufkomme, eine neue Inspiration. Davor kann aber durchaus die Langeweile stehen und mit ihr eine düstere Stimmung. Gehetzt finden wir, jetzt hätten wir uns doch Zeit für uns genommen, jetzt sollte das aber auch produktiv werden. Da Neugier und Interesse aber fundamentale Emotionen sind, können sie nicht ganz und gar verschwinden. Langeweile kann man als Abwesenheit von Neugier, Interesse und damit verbunden auch von Kreativität verstehen, sie kann Interessen zudecken, die es zu entbinden gilt: Lässt man sich auf die Langeweile ein, lässt man sich Zeit mit ihr, hält man diese unangenehmen Stimmungen aus, dann beginnt nach einer Weile die Seele wieder zu uns zu sprechen. Vielleicht sagt sie nicht gerade das, was wir uns wünschen – denn oft werden dabei Aspekte unserer selbst belebt, die wir lieber verborgen halten würden. Vielleicht werden wir mit Konflikten konfrontiert, denen wir bis jetzt erfolgreich aus dem Weg gegangen sind. Was uns aber einfällt, hat unweigerlich mit uns selbst zu tun. Wenn wir die Langeweile als eine Übergangssituation verstehen, die es uns ermöglicht, mit uns selbst in Kontakt zu kommen, werden wir uns weniger ängstigen, wenn sie uns ereilt. Wir werden uns ihr stellen, bis Ideen auftauchen, die uns vermitteln, dass unser Leben eine Bedeutung haben und sinnvoll sein könnte.[124]

Psychodynamisch gesehen könnten, sobald man sich den erstarrten Vorstellungen zuwendet, bewegte Imaginationen entstehen, aus den Bildern der Schwierigkeiten können sich neue Zielvorstellungen, verbunden mit Interesse und Neugier entwickeln.

Interesse aufspüren

Das Interesse ist deshalb eine so belebende Emotion, weil sich durch das Interesse die Innenwelt mit der Außenwelt verbindet. Interessieren wir uns für etwas, dann sind wir gepackt von einer Fragestellung, von einem Kunstwerk, von einem Menschen – von etwas in der äußeren Welt. Wir wenden Zeit auf, um diesen Interessen nachzugehen, arbeiten mit interessierter Energie – kaum eine Anstrengung ist uns zu viel. Und wir spüren dann aber auch, dass es nicht nur etwas in der äußeren Welt ist, das uns so sehr in Beschlag nimmt, sondern dass auch unsere Innenwelt mitbeteiligt ist: Wir träumen von dem, was unser Interesse geweckt hat, werden verstimmt, wenn wir diesen Interessen nicht angemessen folgen können. Wir wissen nicht genau, ob das, was uns so sehr interessiert, einer inneren oder einer äußeren Notwendigkeit entspricht. Es ist beides: Im Interesse verbinden sich zum Teil noch unbewusste Wünsche, Ziele, Sehnsüchte mit von diesen Interessen geleitetem Handeln in der Welt.

Dass unsere Innenwelt bei den Interessen eine wichtige Rolle spielt, wird deutlich, wenn wir uns darüber klar werden, dass Neugier eine wichtige Vorstufe des Interesses ist. Neugier, Interesse und Freude kann man neurobiologisch im sogenannten »Suchsystem« unterbringen, das mit dem menschlichen Explorationsverhalten in Verbindung gebracht wird. Neugier ist die Emotion, die uns immer das suchen lässt, was interessant, belebend, spannend ist. Bei dem, das uns anregt, vielleicht sogar ein wenig aufregt, geht es auch um die Stimulierung von sich selbst, um die eigene Verlebendigung.[125]

Der Mensch ist hungrig nach Neuem, nach Veränderung, vor allem aber nach Stimulierung, danach, sich lebendig zu fühlen, inspiriert, lustvoll, vitalisiert zu sein. Neugierig lassen wir uns ansprechen von der Welt, von anderen Menschen – und wenn uns das, was die Neugier entdeckt hat, interessant genug vorkommt, dann wird aus der Neugier Interesse, oft ein nachhaltiges Interesse, das immer weiter gepflegt wird. Die Neugier weist den Weg zu den Dingen im Leben, die für uns anregend sind – und das geschieht meistens unbewusst, intuitiv. Der Hochstimmung folgt dann – im besten Fall – eine über lange Zeit anhaltende Stimmung des Gepacktseins von etwas, das dem Leben Bedeutung verleiht. Wenn wir wissen wollen, wo denn unser Leben hinführt, welches die verborgenen Lebensthemen sind, dann sind Neugier und Interesse sehr gute Wegweiser. Sie weisen den Weg zu dem, was uns wirklich am Herzen liegt.

Natürlich sind wir der Ansicht, dass wir ständig Interessen haben und ihnen auch nachgehen. Das ist auch oft der Fall. Es ist aber ebenfalls denkbar, dass wir Interessen, die »man« hat, als eigene Interessen verstehen. Auch pflegen wir manchmal Interessen, die unsere Eltern vertreten haben, ohne uns zu fragen, ob diese auch wirklich den eigenen aktuellen Interessen entsprechen. Man geht ihnen dann nach – investiert auch Zeit und Energie – und dennoch ist nicht die Befriedigung zu spüren, die wir haben, wenn wir unseren ureigensten Interessen nachgehen. Folgen wir diesen Interessen, dann fühlen wir uns lebendig. Dann folgen wir unserer »Seele«, denn sie ist – nach meinem Verständnis – das, was den Menschen eigentlich lebendig macht. Dann sind wir animiert – beseelt. Aber wir brauchen Zeit, um unsere wirklichen Interessen zu erkennen, und dann auch, um ihnen nachzugehen. Denn je mehr wir uns in unsere Interessen vertiefen, desto lebendiger werden sie.

Unseren Interessen zu folgen wäre also ein Weg, das zu finden, was uns am Herzen liegt, zu den Vorstellungen und Emotionen, aber auch zu den Tätigkeiten hinzuführen, die uns wirklich fesseln, die die unsrigen sind, die uns, unsere Beziehung zu den Mitmenschen und auch zur Welt beleben könnten, die uns in Resonanz zur Welt und zur Innenwelt treten lassen können. Hier ginge es um unsere eigenen Interessen, damit aber auch um das Lebensgefühl, dem nachzugehen, was uns wirklich ausmacht. Das wäre ein Antidot zu den vorgefertigten Vorstellungen, die zu wenig beleben, die wir einfach unhinterfragt übernehmen, während vom Interesse geleitet zentrale Selbstanteile aktiviert werden und zu entsprechendem Handeln, zur Kreativität anregen.

Damit unsere Interessen sich zeigen können, braucht man Zeit und Muße. Die Lange-Weile stellt uns diese Zeit zur Verfügung, wenn wir sie akzeptieren. Versuchen wir, der Langeweile zu entfliehen, so fühlen wir uns gehetzt, finden, es müsste jetzt dringend etwas Anregendes geschehen.

Es gibt viele Dinge, die uns »anspringen«, unsere Neugier und unser Interesse ansprechen, von denen wir sagen: Dem gehe ich nach, wenn ich dann mal Zeit dafür habe. Über diesem Aufschieben geht ein Interesse meistens verloren. Da wir so leicht auf Interessantes anspringen, ist das vielleicht gar nicht so gefährlich. Geschieht es aber zu oft, dann wird die Verbindung zu Interessantem immer weniger. »Nichts spricht mich mehr wirklich an, ich springe auf nichts mehr an, auch nicht auf Dinge, die mich früher elektrisiert haben«, so ein arbeitsamer, erfolgreicher Mann, zugleich aber ein »pausenlos beschäftigter Sklave seiner selbst«, wie er sich selbst charakterisiert.

Die Beschleunigung, von der wir uns haben erfassen lassen, werden wir wohl nicht aufhalten können. Aber wir können uns Zeitnischen und Räume für unsere Muße schaffen, und das ist letztlich auch die Zeit für unsere Interessen. Diese Zeitnische wäre dann genauso ernst zu nehmen wie die Termine. Wir haben dann sozusagen eine Verabredung mit uns selbst – und es ist nicht zu fordern, dass diese Verabredung produktiv sein soll. Vielleicht ist sie belebend, vielleicht aber auch nur langweilig. Und dann geht es eben darum, sich der Langeweile zu stellen. Das kann man leichter, wenn man versteht, dass die Langeweile Umstrukturierungen des Interesses ermöglicht. Konzentriert man sich auf das Gefühl der Leere und wartet man darauf, dass einem etwas einfällt, überzeugt davon, dass einem schon etwas einfallen wird, dann treten Fantasien auf. Man macht nicht mehr der Welt oder den Mitmenschen den

Vorwurf, dass sie zu wenig interessant sind; die Beziehung richtet sich jetzt gegen innen: Was bricht dann auf in mir selbst?

Wenn wir Interessen finden, regen sie uns zu entsprechendem Verhalten und oft auch zu schöpferischen Prozessen an, die sehr nachhaltig sein können. Wir alle kennen Menschen, deren Leben durch ein sie erfüllendes Interesse geprägt war, was dazu geführt hat, dass wunderbare Werke entstanden sind. Interessen wollen verwirklicht werden.

Existenzielle Langeweile und Depression

Nicht immer ist es so einfach, unter der Langeweile das verdrängte Schöpferische zu finden. Bei der chronischen Langeweile, der Melancholie, herrscht unerklärliche Langeweile vor, begleitet von Trübsinn, unerklärbarer Traurigkeit, Passivität. Die Langeweile dauert nicht ein paar Stunden oder ein paar Tage, sie wird hier als ein durchgängiges Lebensgefühl der Freudlosigkeit, der Lustlosigkeit, der schier grenzenlosen Langeweile erlebt. Keine Wünsche werden mehr an das Leben gerichtet – denn die zu haben wäre sinnlos, weil sie eh nicht zu erfüllen sind. Und dennoch sind Menschen in ihrer chronischen Langeweile oft von einer quälenden Unrast erfüllt.

Die chronische Langeweile kann man im Zusammenhang mit der Depression sehen. Um die Depression besser verstehen zu können, wende ich mich zunächst den sogenannten depressiv strukturierten Menschen zu. Depressiv strukturierte Menschen sind die, die noch nicht an einer Depression leiden, aber bei Verlustsituationen leicht einen depressiven Einbruch erleiden können.[126] Sie bevorzugen ein bestimmtes Beziehungsmuster: Sie haben die Tendenz, sich zu sehr an die anderen Menschen anzupassen und vernachlässigen dabei die eigenen Wünsche, Ziele und Absichten. Sie tun dies, um geliebt zu werden, um Anerkennung zu bekommen, um eine Daseinsberechtigung zu haben. Sie passen sich an – an die Außenwelt, an die

Mitmenschen, an die Arbeitswelt – und vergessen dabei, dass sie sich auch an ihre Innenwelt anpassen müssen, sich aber auch selber entscheiden müssen, wie sie sich verhalten wollen. Wenn die Anpassung an die Außenwelt so überwertig ist, können sie nicht mehr ihren eigenen Interessen folgen, sie kennen sie oft schon gar nicht mehr; eine Quelle der Lebendigkeit geht verloren. Die Liebe aber, die sie sich durch die angestrengte Anpassung erhofften, bekommen sie in der Regel auch nicht: Enttäuschung, Verbitterung setzt ein. Langeweile macht sich breit, verbunden mit der bleibenden inneren Überzeugung: Wenn es gelänge, sich noch besser anzupassen, dann könnte man es schaffen. Ein immenser innerer Druck baut sich auf.

Depressiv strukturierte Menschen erleben immer wieder dasselbe: Sie versuchen, sich anzupassen, bekommen nicht, was sie sich erhofft haben, sind enttäuscht, wütend. Sie dürfen aber nicht wütend sein, sonst bekommen sie die erhoffte Anerkennung, die erwartete Liebe noch weniger; also sind sie wütend auf sich selbst oder auf die Welt, nicht aber auf die Beziehungspersonen, an die sie sich anpassen. So kreisen Menschen in dieser Situation zwar immer um sich selbst, darum, was sie besser machen könnten, insgeheim aber auch darum, was ihnen die Welt vorenthält. In ihren Aktivitäten fragen sie sich, was die anderen Menschen von ihnen wollen könnten. Das geht bis dahin, dass sie sich projektiv unterwerfen: So etwa die Frau, die sich darüber beklagt, dass ihr Mann am Sonntagmittag ein mehrgängiges Mittagessen erwartet. Sie nimmt das als Zeichen dafür, wie uneinfühlsam ihr Mann ist, wie fordernd. Im Paargespräch stellt sich heraus, dass er diese »bombastischen Mittagessen« hasst, das seiner Frau aber nicht mitteilte, weil er sie nicht kränken wollte. Statt miteinander zu sprechen, haben beide fantasiert, was der andere wollen könnte.

Man kann sich aber nicht nur an einen Partner oder eine Partnerin zu sehr anpassen, man kann sich auch zusätzlich oder ausschließlich an gültige Normen anpassen. Die Menschen meinen dann: Wenn sie sich an den gültigen Normen ausrichten, dann haben sie ein »gutes« Leben, dann geht es ihnen gut. Eine Frau, deren Mann überraschend gestorben ist: »Ich habe mich bemüht, immer alles richtig zu machen, aber er ist trotzdem gestorben. Und jetzt frage ich mich immer mehr: Was ist denn richtig?« Welchen Normen und Regeln soll man sich unterziehen, wenn diese sich ständig ändern? Ehrenberg sieht in der Depression »die Pathologie eines verantwortlichen Individuums, das sich vom Gesetz der Väter und den alten Gehorsams- und Konformitätssystemen befreit hat«[127]. Und deshalb stellt sich die Frage: Woran soll man sich anpassen? An die Idee der unendlichen Möglichkeiten? Gerade die Depression zeigt, dass die Kehrseite der vielen Möglichkeiten der Stillstand ist. In einer Welt, in der grundsätzlich alles möglich zu sein scheint, ist plötzlich nichts mehr möglich. Es herrscht ein großer Druck, aber da die eigenen Wünsche in der Tat nicht bekannt sind, es aber auch kaum noch kollektive Visionen gibt, kann das Leben seltsam ziellos und damit auch sinnlos werden. Die Depression kann man verstehen als das Scheitern eines heroischen Versuchs, sich anzupassen, um den Preis einer großen Selbstverleugnung – bis es nicht mehr geht. Und meistens geht es dann nicht mehr, wenn noch eine zusätzliche Belastung eintritt, ein Verlust, wenn man sich noch weniger gesehen fühlt als sonst schon, wenn mitmenschliche Beziehungen nicht mehr tragen oder zerbrechen.

C.G. Jung schrieb in seinem Aufsatz »Die Lebenswende« von 1930 über die Depression bei Menschen in der Lebensmitte. Hinter diesen ihm damals gehäuft vorkommenden Depressionen vermutete er »Leben, das auch hätte gelebt werden können, […] manchmal sind es auch glühende Kohlen unter grauer Asche«[128]. Wenn Menschen sich zu sehr anpassen, dann bleibt »Leben, das auch hätte gelebt werden können« im Dunkeln, macht sich in der Depression bemerkbar. Jung hat einen ressourcenorientierten Ansatz: Menschen sind nicht einfach depressiv, weil sie etwas falsch gemacht haben, sondern die Depression will etwas von ihnen: dass sie sich der Psyche zuwenden, dem Unbewussten, und herausfinden, welches Leben denn auf der Strecke verloren gegangen ist und was davon man integrieren kann, damit man sich wieder bei sich fühlt. Jung sah übrigens den Grund dafür, dass so vieles auf der Strecke bleibt, darin, dass »die Erreichung des sozialen Zieles auf Kosten der Totalität der Persönlichkeit erfolgt«[129]. In der zweiten Lebenshälfte scheint es ihm unabdingbar wichtig zu sein, dass wichtiges Ausgespartes, Vernachlässigtes integriert wird, dass die Innenwelt ernst genommen wird. Es geht ihm darum, auch neue Ziele zu finden, Ziele, die eigentlich zu diesem Individuum gehören, Ziele, die sich im Dialog mit den eigenen Träumen und Imaginationen herausformen und die den wirklichen Interessen mehr entsprechen. Jung spricht nicht explizit vom Zeitmangel – implizit aber ist er angesprochen. Auch bei der »Beschleunigung« von 1930 blieb schon einiges auf der Strecke. Aus Sicht von Jung kann aber das, was nicht mitleben durfte, aber hätte mitleben sollen, gefunden werden, wenn man der Seele Energie und Aufmerksamkeit zuwendet.

Depression heißt Stillstand, das Leben fließt nicht mehr, der Blick nach vorne, den Menschen normalerweise haben, ist verstellt. Zukunft wird als eine Wiederholung des Vergangenen antizipiert. Das Gefühl, keine Zukunft zu haben, ist tödlich. Wir entwerfen uns normalerweise auf die Zukunft hin, indem wir Pläne haben, uns die Zukunft vorstellen – und im Einlösen dieser Vorstellungen verändern wir sie vom Wünschbaren ins Machbare. Aber immer wieder sind sie mit Hoffnung und Zuversicht verbunden. Mit dem Gefühl, keine Zukunft zu haben, werden auch die gehobenen Lebensgefühle immer seltener erfahrbar: die Freude, die Hoffnung, die Inspiration, die Erwartung. Die Blockierung der Zukunft bewirkt, dass die Vergangenheit übermächtig wird – übermächtig wird vor allem alles, was man lieber anders gemacht hätte, übermächtig werden die Schuldgefühle, übermächtig ist eine existenzielle Langeweile, die man geradezu als depressiven Affekt verstehen kann. Die Vergangenheit greift auf die Zukunft über – und man kann sie nicht loslassen, weil sie die Stelle der Zukunft besetzt. Es ist ein Leben unter dem Diktat der Zeit: des Stillstands, aber auch der Vergangenheit. Daraus resultiert ein Lebensgefühl, das immer wieder von depressiven Menschen formuliert wird: Die Welt ist bedeutungslos, das Ich fühlt sich wertlos und das Leben erscheint als sinnlos. Aus diesem Gefühl heraus kann man auch zerstören, sich selber, die Welt, wenn denn genug Energie dazu da ist.

In dieser Sicht des Lebens kann man aber auch ein Entwicklungsprogramm sehen: Wenn alles bedeutungslos ist, dann geht es darum, wieder Bedeutung zu finden, das heißt, Zugang zu den Emotionen und den Gefühlen. Emotionen geben der Welt Bedeutung, und zwar nicht nur zum Beispiel die Angst, die der Welt die Bedeutung der Bedrohung gibt, sondern auch Neugier, Interesse, Freude, Inspiration, Hoffnung: Gefühle, die uns vitalisieren, uns wohl und tätig sein lassen in der Welt, sodass auch das Ich in der Selbstwirksamkeit nicht mehr als wertlos empfunden wird. Hier zeigt sich Sinn oder lässt sich Sinn auch immer wieder suchen und erleben. Als sinnvoll erleben wir das Leben dann, wenn es stimmig ist, wenn wir uns spüren, auch in Resonanz mit anderen Menschen, mit der Natur, mit der Kunst. Wenn wir mit allen unseren Sinnen leben, dann fragen wir kaum jemals nach Sinn.

Aber davon ist der depressive Mensch weit entfernt. Nach der Auffassung von Spinoza ist der Mensch, der sich im Griff der Traurigkeit befindet – und das wäre dann wohl die Depression verstanden als eine generalisierte, zwingende Traurigkeit – vom Bestreben nach Selbsterhaltung abgeschnitten.[130] Die Sehnsucht nach Sinnerfahrung ist allerdings in der Regel noch vorhanden, es kann geradezu eine Sucht nach Sinn ausgemacht werden. Dabei geht es aber um die Fantasie von einem umfassenden Sinn, der Geborgenheit stiften würde, letztlich um ein spirituelles Bedürfnis. Diese großen Sinnerfahrungen würden den Depressiven dann »erlösen«. Große Sinnerwartungen bergen oft eine Enttäuschung in sich: Man erwartet von ihnen die ultimative Geborgenheit, die doch immer nur vorübergehend zu haben ist. Es wäre sinnvoller, den kleinen Sinnerfahrungen nachzuspüren, wie sie etwa erlebt werden, wenn wir die Welt mit allen unseren Sinnen wahrnehmen. So werden in der Therapie von Menschen mit schweren Depressionen die Sinne stimuliert, indem man sie bewusst etwa an einer Frucht riechen lässt und sie diese dann auch schmecken lässt. Das mutet sehr bescheiden an, ist aber ein Anfang, um sich dem Leben wieder zuzuwenden.[131] Sinnerfahrungen machen wir auch dann, wenn wir etwas gestalten, etwas tun, von dem wir überzeugt sind, dass es mit unseren Werten übereinstimmt – etwa, indem wir jemandem helfen oder indem wir etwas tun, was uns mit Freude erfüllt, mit freudigem Stolz, mit stolzer Freude, besonders, wenn es auch unser Interesse weiter stimuliert. Wir erleben dann eine intrinsische Belohnung, unser Belohnungszentrum, das auch unser Lustzentrum ist, springt an. Körpereigene Opioide im Belohnungszentrum werden ausgeschüttet.[132]

Und wenn der Sinn doch abhanden bleibt? Wenn es ein Grundbedürfnis des Menschen ist, Sinn zu erfahren, bedeutet das, dass diese Sinnerfahrungen nicht immer zugänglich sind und immer wieder auch gesucht werden müssen. Menschen sind geradezu Sinnsucher und Sinnsucherinnen. Vielleicht liegt darin bereits wieder eine Sinnerfahrung verborgen: Man kann im Moment keinen Sinn finden – und lebt doch weiter. Das bedeutet aber, dass man insgeheim weiß, dass Sinn wieder zu finden ist, dass er aber immer auch wieder verloren gehen kann.

Im Rahmen von Psychotherapie haben wir es oft mit Menschen zu tun, die einen Schicksalsschlag erlitten haben, denen in dessen Folge der Sinn abhandengekommen ist, die sich in Lebenssituationen befinden, in denen sie kaum Sinn erleben. Warum? Wieso? Warum trifft es gerade mich? Das sind die Fragen, auf die es keine Antwort gibt. Auch Psychotherapie kann nicht einfach Sinnerleben herbeizaubern. Oft geht es zunächst darum, auch ohne ausdrückliche Sinnerfahrung weiterzuleben. Ein »Leben ohne Warum« (Meister Eckhart) zu leben, kann selbst eine wesentliche Erfahrung sein. In einem zweiten Schritt geht es dann darum, sich mit dem, was einem widerfahren ist, auseinanderzusetzen. Sinn kann auch erlebt werden, indem man lernt, kompetent und kreativ mit Widerfahrnissen umzugehen. Durch die Einbeziehung des Unbewussten kann neues persönliches Wachstum erfahren werden, was auch hilft zu lernen, mit unabdingbaren Schwierigkeiten besser umzugehen und gerade darin Sinn zu erfahren.

Sinn erfahren wir auch dann, wenn wir die Welt symbolisch verstehen. Symbole bilden die reale, konkrete Situation ab, verweisen aber auf eine Bedeutung, die über diese Situation hinausgeht, eine Erfahrung in einen größeren Zusammenhang stellt. Die weitgehend fehlende Bezogenheit auf eine Zukunft mit Entwicklungsmöglichkeiten, die in der Depression auszumachen ist, wird durch die symbolische Sicht in Frage gestellt. Symbole haben einen Bezug zur Vergangenheit, sogar zur Vergangenheit der Menschheit, nicht nur zur individuellen Vergangenheit, und ermöglichen uns so, etwas zu verstehen. Sie tragen aber immer auch etwas Unabgegoltenes in sich, etwas, das auf die Zukunft verweist, eine Herausforderung an unser Nachdenken und an unsere Gefühle darstellt. Ganz abgesehen davon ist diese Sichtweise für die meisten Menschen auch interessant, sie stimuliert das Interesse.

So kann die Depression auch als ein Symbol für den ganzen aktuellen Lebensprozess verstanden werden, in dem der Depressive steht. Daraus entsteht nicht nur die Frage, weshalb diese Depression jetzt da ist, sondern auch – symbolisch betrachtet –: Was will diese Depression vom depressiven Menschen? Betrachten wir häufiger diagnostizierte Depressionen aber unter anderem auch als eine Folge heutiger gesellschaftlicher Prozesse, dann stellt sich die Frage: Was muss entwickelt werden, dass Menschen mit dieser Entwicklung besser umgehen können, was will die Depression von uns allen? Es muss wieder mehr ein Gleichgewicht zwischen Außenwelt und Innenwelt, zwischen Intellekt und Gefühl, zwischen Effizienz und Sinn hergestellt werden. Die Bedürfnisse der Innenwelt dürfen nicht gering geachtet werden.

Sich der Depression auf dem symbolischen Weg zu nähern heißt, über die eigene Verfassung und die vorherrschende Emotionalität zu sprechen, nicht im Sinne von Versatzstücken (Illouz), sondern in einem Ringen um den möglichst genauen Ausdruck, um das Finden einer präzisen vorstellungsbezogenen und daher mit Emotionen verbundenen Erzählung, in der mit dem anderen geteilt werden kann, was sich in einem abspielt. Es ließe sich auch als ein Aufruf an alle verstehen, wieder richtig miteinander zu sprechen; es für wert zu erachten, das zu sagen, was man zu sagen hat, könnte Freude auslösen und die Beziehungen wärmer werden lassen. Das genaue Sprechen entsteht aus einem geduldigen, achtsamen Wahrnehmen, was in uns ist – und dieses genaue Hinsehen bringt Ruhe in die jeweilige Situation. Alles Gehetzte in uns schreit jedoch angesichts eines solchen Vorschlags auf. Schnell wollen wir einander informieren und durchaus auch transparent kommunizieren – aber einander etwas geduldig erzählen, was ja auch ein geduldiges Zuhören erfordert? Natürlich braucht es schnelle Information und transparente Kommunikation, aber nicht immer und nicht überall. Es ist zu differenzieren: Wann muss es schnell sein, wann darf es gemütlicher sein? Wann muss es Zeit haben?

Ich verstehe die Langeweile und die Depression als eine Herausforderung, sich mit den wirklichen Interessen zu beschäftigen, sie zu suchen. Es geht darum, die Vitalität, aber auch die Schwingungsfähigkeit wertzuschätzen und sie auch wiederzufinden.

Am Beispiel der Depression wird deutlich, wie sehr die Fremdbestimmung überhandzunehmen droht und wie man immer weniger man selbst sein kann, wenn man sich den kollektiven Strömungen überlässt, wie rasch eine Selbstausbeutung stattfindet. Mit diesem Selbstverlust ist auch ein Sinnverlust verbunden, die Selbstwirksamkeit wird geringer. Es zeigt sich aber auch, wie schwierig es ist, eigene Werte zu finden, die leitend sein sollen und Sinn vermitteln.

Es geht nicht nur um ein Zeitmanagement, darum, dass wir uns bewusst Zeit für Muße, für den Körper, für die Beziehungen nehmen, sondern auch darum, dass wir die Spannungen zwischen der globalisierten, digitalisierten Zeit und der rhythmischen Zeit bewusst aushalten. Dann wird es eher möglich sein, sich so zu verhalten, dass beides gelebt werden kann. Dann wird auch deutlich, wo der Stress zum Distress wird.

Was dennoch gesund hält

Wie bleiben Menschen angesichts von belastenden Erfahrungen, von Stress, von Hetze, von fehlenden tieferen Erfahrungen dennoch gesund? Was kann man als Widerstandskraft verstehen? Das war die Frage von Antonovsky – die Frage der Salutogenese. Antonovsky sieht als eine der wichtigsten Ressourcen die Erfahrung von Sinnhaftigkeit an, die Entwicklung ermöglicht, Zukunft begehrenswert macht: Das ist die Konsequenz der Widerstandsressourcen. Die Erfahrung von Vertrauen durch diese Widerstandsressourcen sieht er als eine Möglichkeit, die Menschen widerstandsfähiger macht und sie befähigt, auch mit widrigen Lebensumständen besser umzugehen und sich so die Gesundheit zu erhalten oder auch wieder gesund zu werden. Diese Erfahrung von Sinnhaftigkeit wurde von Antonovsky »Sense of coherence« genannt, das Gefühl der Kohärenz.

Ein sicheres Kohärenzgefühl zu haben bedeutet, dass ein grundlegendes Gefühl des Vertrauens erlebt werden kann, auch wenn es immer wieder in Frage gestellt wird. Dieses Vertrauen beruht nach Antonovsky darauf, dass die Informationen, die aus der inneren und äußeren Umgebung auf das Individuum treffen, vorhersehbar, verständlich, erklärbar, strukturiert (d. h. deutlich) sind, sodass man sich selber einigermaßen versteht und auch versteht, was in der Welt um einen herum vorgeht und wie man damit umgehen kann. Das ist heute eine Herausforderung und bedingt Selbstwahrnehmung, Selbstreflexion, aber auch das klärende und versichernde Gespräch mit anderen. Dann hat man in sich selbst die Ressourcen, um diesen Herausforderungen zu begegnen und sie als etwas Sinnvolles zu erleben, wofür sich ein Engagement lohnt.[133] Für Antonovsky ist man nicht einfach gesund, sondern man pendelt zwischen Gesundbleiben und Gesundwerden.

Das Kohärenzgefühl ist wichtig in einer Zeit, in der Aktualitätsdenken sehr bestimmend ist.[134]

Das Schöpferische und die Geduld

Das Schöpferische braucht seine Zeit, seinen Rhythmus. Dass etwas Neues entsteht, ist der eigentliche Ausdruck des Lebendigen der Seele: für den Einzelnen, aber auch für die Gesellschaft. Es ist auch der sichtbare Ausdruck des In-Resonanz-Seins: Innenwelt und Außenwelt verbinden sich in einer Neugestaltung.

Ich lasse hier Rilke in seinem Brief an Franz Xaver Kappas[135] vom 23. April 1903 zu Wort kommen. Der junge Dichter fragt danach, wie denn ein Werk werden könne. Rilke antwortet: »Lassen Sie Ihren Urteilen die eigene stille, ungestörte Entwicklung, die, wie jeder Fortschritt, tief aus innen kommen muss und durch nichts gedrängt oder beschleunigt werden kann. *Alles* ist austragen und dann gebären. Jeden Eindruck und jeden Keim eines Gefühls ganz in sich, im Dunkel, im Unsagbaren, Unbewussten, dem eigenen Verstande Unerreichbaren sich vollenden lassen und mit tiefer Demut und Geduld die Stunde der Niederkunft einer neuen Klarheit abwarten: das allein heißt künstlerisch leben: im Verstehen wie im Schaffen. Da gibt es kein Messen mit der Zeit, da gilt kein Jahr, und zehn Jahre sind nichts, Künstler sein heißt: nicht rechnen und zählen; reifen wie der Baum, der seine Säfte nicht drängt und getrost in den Stürmen des Frühlings steht ohne die Angst, dass dahinter kein Sommer kommen könnte. Er kommt doch. Aber er kommt nur zu den Geduldigen, die da sind, als ob die Ewigkeit vor ihnen läge, so sorglos still und weit. Ich lerne es täglich, lerne es unter Schmerzen, denen ich dankbar bin: *Geduld* ist alles!«

Geduld – warten können, bis der gute Moment da ist, wachsen lassen können, reifen lassen können, darauf vertrauen, dass etwas wächst, dass es metaphorisch gesprochen Sommer werden wird.

Was Rilke hier beschreibt, entspricht den Theorien des Schöpferischen: Der schöpferische Prozess wird durch ein Problem ausgelöst, das mit herkömmlichen Mitteln nicht zu lösen ist, das ein Mensch aber unbedingt lösen will. Zunächst wird im Umfeld des Problems Material gesammelt, in der Hoffnung, doch noch eine »konventionelle« Lösung zu finden, irgendwann tritt ein Sättigungsgrad ein, der Forscher, die Forscherin ist entmutigt, man wendet sich vom Problem ab, es »gärt« dann im Menschen, der es lösen will. Man spricht in der Theorie der Kreativität von der Inkubationsphase. In dieser Phase wird das Problem im Unbewussten bearbeitet, bewusst fühlen sich die Menschen frustriert, unfähig, ärgerlich, gespannt, sie zweifeln an ihrem Selbstwert und ihrer Kompetenz. Angst kommt auf, weil das Selbstwertgefühl in Mitleidenschaft gezogen ist und weil durch das Ausbleiben eines Einfalls Beeinträchtigungen und Verluste befürchtet werden (bezüglich Ansehen, Karriere, Selbstbild). Wenn nun die Angst zu dominierend wird, werden neue Einfälle, die normalerweise diese Phase beenden, blockiert – wir haben es mit einem Kreativitätsblock zu tun, der mit Angst im Zusammenhang steht und oft auch einer Krisenintervention bedarf. Ist weniger Angst vorhanden, wird die Inkubationsphase durch einen Einfall beendet, der plötzlich oder nach und nach Gestalt annimmt, der dann formuliert und verifiziert oder falsifiziert wird. Der Moment des Einfalls ist ein ganz spezieller Moment, eine glückliche Fügung. Und diese Einfälle müssen dann im realen Leben erprobt werden, müssen sich als tragfähig erweisen – oder der Prozess beginnt von vorne. In der Inkubationsphase ist Geduld gefragt, Geduld und Vertrauen, dass uns etwas einfallen wird. Zeit spielt da eine große Rolle: Geduld ist natürlich nicht alles, wie Rilke sagt, aber ohne Geduld können diese Verknüpfungsprozesse im Unbewussten – man könnte auch sagen: in der Intuition – nicht stattfinden. Es gibt im schöpferischen Prozess deutlich ein Ziel, das zunächst auch zielstrebig verfolgt wird. Und dann braucht es Muße, ein Sich-Treibenlassen im Kontext der schöpferischen Aufgabe – bis der gute Moment sich ereignet.

Der gute Moment: Kairos

Kairos, angeblich der jüngste Sohn des Zeus, war bei den Griechen für den rechten Augenblick, für den guten Moment, für glückliche Fügungen zuständig. Es gibt von ihm eine Statue am Eingang der Rennbahn zum Olymp: ein Jüngling, in der rechten Hand einen Dolch, in der linken eine Waage, Flügel an den Füßen, mit den Zehen auf einer Kugel stehend.[136] Seine Verwandtschaft mit Hermes – über die Flügel an den Füßen – ist nicht zu übersehen: Hermes, der viel bekanntere Gott, der ständig unterwegs ist, der Gott der Reisenden und der Wanderer, aber auch der Götterbote, der den Himmel mit der Erde und als Totengeleiter die Erde mit der Unterwelt verbindet. Er ist ein Gott der Übergänge. Verehrt wird er in den Steinhaufen, den Hermen, die an Übergängen den Weg weisen. Glückliche Funde, aber auch das An-sich-Nehmen dieser Funde gehören in den Zustandsbereich des Hermes, er ist auch zuständig für alles Entdecken auf geistigem Gebiet, für die Hermeneutik und für die Erfindungen. Er gilt als Schutzpatron der Erfinder, der Intellektuellen, der Redner, der Diebe und der Kaufleute. Er ist aber auch der Gott, der die Träume schickt. Ein ewig schweifender Gott, immer in Bewegung – man kann ihn nur einen Augenblick lang fassen, und dann ist er wieder weg. In dieser Augenblicksbegegnung aber verändert sich das Leben derer, denen er begegnet ist – der gute Moment. Kairos und Hermes gehören zusammen, Kairos ist wohl zuständig für den guten Moment, für die glückliche Fügung, Hermes für den umfassenderen Lebensraum, der diese glücklichen Fügungen ermöglicht.

Wir alle wissen: Es gibt den guten Moment in allen Belangen des Lebens: beim Kochen, beim Ballspielen, bei einer Intervention in einer Diskussion, beim Pflanzen, beim Ernten, beim Schreiben eines wichtigen Briefes – und wenn wir ihn ergreifen können, dann verändert sich meistens etwas zum Guten. Und diesen guten Augenblick gibt es auch bei psychischen Veränderungen, bei der seelischen Entwicklung. Und auch bei existenziell wichtigen Erfahrungen spielt der gute Moment eine Rolle: Plötzlich findet man den Menschen, mit dem man alt werden möchte.

Kairos symbolisiert ein Prinzip im menschlichen Leben: die Erfahrung des guten Augenblicks, der glücklichen Fügung. Da dieser gute Moment so wichtig ist, wird er durch einen Gott symbolisiert, und damit wird auch ausgedrückt, dass dieser gute Moment letztlich nicht machbar ist. Der rechte Augenblick fällt einem zu, man muss ihn wahrnehmen, ihn ergreifen, und dann muss man handeln. Abwägen und Handeln – das ist wohl eine einfache Deutung der Symbole von Waage und Dolch, die Kairos in der Hand hält. Die Flügel weisen darauf hin, dass dieser Gott nur für einen Moment anwesend ist.

Vielleicht kann man sich auch so positionieren im Leben, dass es eher möglich ist, Kairos zu begegnen – oder Hermes in der Funktion des Kairos. Man muss um den guten Augenblick wissen, man muss ihn dann aber auch ergreifen. Der gute Moment ist mit dem *Carpe diem* aufs Engste verknüpft. Wenn wir achtsam sind auf das, was sich in unserer Innenwelt ereignet, aber auch auf das, was sich in der äußeren Welt tut, werden wir spüren, dass Innenwelt und Außenwelt plötzlich miteinander übereinstimmen – der gute Moment zum Handeln oder um ein Problem anzusprechen, ist da. Den guten Moment zu erfassen, erlaubt uns auch, den Moment zu genießen: diesen einen wunderbaren Moment. Vielleicht ist es ein Moment der tiefen Freude, vielleicht auch ein Moment, in dem wir uns verbunden fühlen mit allem, was auf der Welt es gibt: ein Moment der Intensität, des gefühlsmäßigen ganz Involviertseins ins Leben, vielleicht auch ein Moment der vollen Präsenz.

Schöpferisch leben

Heilwerden heißt für Jung, sich an das schöpferische Prinzip, das alles im Leben durchdringt, anzuschließen, im Strom von Werden und Vergehen zu sein. Dann lebt der Mensch in einer schöpferischen Haltung, dann hat er Zugang zu seinen Ressourcen, dann können die Selbstheilungskräfte des Menschen wirksam werden.[137]

Kreativität beruht auf der schöpferischen Einbildungskraft. Diese ist für C.G. Jung zentral wichtig: Indem der Mensch schöpferisch ist, erschafft er auch sich selber.[138] Jung ist der Ansicht, dass das menschliche Ich nicht ohne Kreativität leben könne, es müsse seine Existenz beweisen, indem es etwas erfinde, etwas Eigenes, Ungewöhnliches mache, vielleicht sogar etwas Gefährliches.[139] Er sieht die kreativen Impulse – und das sind auch die imaginativen Impulse – als Möglichkeiten, die eigene Persönlichkeit zu gestalten. Im Individuationsprozess soll man sich der schöpferischen Impulse bewusst werden. Diese schöpferischen Impulse stammen im Wesentlichen aus Imaginationen, Träumen, Einfällen. Die Vorstellungskraft bringt uns nicht nur in der Erinnerung die Vergangenheit zurück, sie lässt uns nicht nur uns die Zukunft in schönen Farben ausmalen, sie zeigt uns auch auf, was wir befürchten, welche Konflikte hinter unseren Verstimmungen stecken, sie eröffnet uns aber auch neue Räume, vermittelt Hoffnung und hilft uns dadurch zu überleben, mehr noch, sie hilft uns zu leben, sie ist eine wichtige Ressource. Den Begriff der Ressource fasse ich sehr weit: Ich verstehe sie als Quellen in uns, auf die wir rekurrieren können, die uns den Zugang zur Selbsthilfe eröffnen, zu Selbstwirksamkeit, aber auch zur Regulierung der Gefühle und immer auch wieder zu neuen Ideen, verbunden mit einem Gefühl der ängstlichen Hoffnung. Die Lebensqualität wird besser, Sinn kann wieder erfahren werden, man ist sich seiner wieder gewiss und erlebt Kompetenz.

Die Bedeutung der Kunst

Christa Wolf antwortet auf die Frage, warum sie schreibe: »Der Schrecken darüber, wie in Industriegesellschaften die Selektion der ›nützlichen‹ Kräfte und Strebungen eines Menschen auf Kosten seiner ›unnützen‹ Bedürfnisse und Wünsche funktioniert, und die Trauer über die Folgen dieser Spaltung und Amputation fließen sicherlich in mein Schreiben ein. Heute ist die Kunst wohl der einzige Hort, zugleich das einzige Erprobungsfeld für die Vision von ganzheitlichen menschlichen Wesen [...]. Ob und wie in der Zukunft die Menschen der heute arbeitsteilig organisierten Industrieländer, deren Bedürfnisse verfälscht und mit Ersatzprodukten abgespeist werden, sich ihrer Wurzeln, der Fülle menschlicher Möglichkeiten und also auch der Kunst entsinnen werden – das weiß ich nicht.«[140] In einer Gesellschaft, in der Nützlichkeit so groß geschrieben wird, ist die Kunst für Christa Wolf der Ort, wo auch die Gefühle, die Vorstellungen, die Bedürfnisse des Menschen noch zum Zuge kommen. In der Kunst sieht sie den Raum der Möglichkeiten, dem Menschen in der Fantasie begegnen.

Kunst hat unter anderem – über den freien Ausdruck von Imagination – die Bedeutung, gesellschaftliche Probleme, auch Traumata, aufzuarbeiten, vor allem aber auch, Zukunft zu entwerfen. Künstler und Künstlerinnen versuchen auf ihre Weise, sowohl Probleme sichtbar zu machen als auch Lösungen oder zumindest Anregungen für Lösungen zu geben. Unmittelbar einleuchtend ist das in der Literatur. Da werden Probleme, die die Menschen schon immer gehabt haben, immer wieder neu – gespiegelt im jeweiligen Zeitgeist – in einer Geschichte oder in Geschichten behandelt. Dabei geht es immer auch darum, dass auch das zur Sprache kommt oder gestaltet wird, was vom aktuellen Denken, von dem, was »man« denkt, dass es gerade »in« ist, ausgespart und gering geschätzt wird. Es geht jeweils um nicht Zugelassenes, Verdrängtes, Abgespaltenes, das auch zum Ganzen gehören würde.

Menschen, die in Kontakt mit der Kunst stehen, können in Resonanz zu dem von den Künstlerinnen und Künstlern gestalteten Themen und den damit verbundenen Emotionen diese Themen in ihrem eigenen Leben wahrnehmen und reflektieren. Es geht dabei um »die Fülle menschlicher Möglichkeiten«, um den Zugang zu den imaginativen Möglichkeiten überhaupt. Die Fantasie auch als eine produktive Kraft zu verstehen, war Christa Wolf ein Anliegen.[141]

Für C.G. Jung besteht der schöpferische Prozess in einer Belebung von archetypischen Mustern und Emotionen, welche die Grundbedürfnisse und Grundfähigkeiten des Menschen abbilden. Er äußert sich in Fantasien, äußert sich da, »wo sich schöpferische Fantasie frei betätigt«[142]. Dadurch, dass durch die Ausgestaltung der Fantasie das archetypische Muster mit den entsprechenden Bildern in die »Sprache der Gegenwart«[143] übersetzt wird, können alle Menschen wieder an diesen »Quellen« teilhaben. Es geht um eine mögliche Belebung, um ein Finden der Ressourcen über die Vermittlung der Künstlerinnen und Künstler. »Darin liegt die soziale Bedeutsamkeit der Kunst: sie arbeitet stets an der Erziehung des Zeitgeists, denn sie führt jene Gestalten herauf, die dem Zeitgeist am meisten mangelten.«[144]

Der Begriff »Erziehung des Zeitgeists« oder auch die Rede vom Künstler als »Erzieher seines Zeitalters« mögen Ausdrücke sein, die uns heute als zu groß erscheinen. Die Idee bleibt: Es geht darum, das zu finden, was jeweils in einer bestimmten Zeitsituation ausgeblendet wird. Nun mögen Künstler und Künstlerinnen sensibler sein als der Durchschnittsmensch, vielleicht auch stärker unter Einseitigkeiten leiden, vor allem aber können sie besser darstellen und formulieren, was ihnen ihre Fantasie eingibt. Die Nicht-Künstler können den Zugang der Künstler gleichsam »adoptieren« und so zur eigenen Lebendigkeit finden, auch zum eigenen Sinnerleben. Wir dürfen aber nicht vergessen: Den Zugang zu Fantasien haben alle Menschen, wenn sie sich die Zeit dazu nehmen und wenn sie diesen

Zugang für wichtig genug erachten. Da ist eine Quelle von Lebendigkeit, die durchaus sprudelt.

Wir begegnen der Seele in der mit Gefühlen verbundenen Imagination, in der Vorstellungskraft, die Räume in die Zukunft eröffnet, wenn sie denn auch von den Emotionen getragen ist. Und vergessen wir nicht: Lebendige Vorstellungen, Imaginationen von verschiedenen Menschen können sich zu etwas Neuem verbinden. Was die Zukunft bringt, ist immer ungewiss, und das Vertrauen, dass es schon gut gehen wird, war auch schon mal größer. Wir Heutigen müssen lernen, mit diesen Ungewissheiten umzugehen. Das gelingt dann, wenn wir Vertrauen haben in die kreative Kraft der Vorstellungen, in die Idee, dass wir Leben gestalten können und nicht bloß reagieren müssen. Dazu ist es aber unabdingbar, dass wir Menschen miteinander in Beziehungen stehen, uns miteinander austauschen, auch darüber, wie wir leben wollen, wofür wir unsere Zeit einsetzen wollen.

Was die Seele nährt

Es könnte ein Ziel sein, auch Zeit für die Seele zu haben, Zeit zu haben, ruhig zu atmen, zu genießen, was sich an Erfahrungen einstellt – oder, wenn sie schwierig sind, sie ruhig wahrzunehmen und sie dann auch wieder loszulassen.

Der spätmoderne Mensch hat »kein Ziel vor Augen, sondern ein gefühltes Monster hinter sich«[145], so Hartmut Rosa. Was wäre die Alternative? Die Monster hinter sich zu lassen, nicht gehetzt, gejagt zu sein, sondern sich immer wieder niederlassen zu können, Zeit zu haben für Resonanz, für das Miteinander. Emotional involviert zu sein in das eigene Leben und das der anderen, dadurch Intensität zu spüren, könnte ein Ziel sein. Die Augenblicke zu genießen, aber auch das, was dauert, verankert zu sein bei aller Dynamik, immer wieder bestrebt, ein Gleichgewicht im eigenen Leben zu erreichen zwischen dem, was bleibt, und dem, was sich verändern muss.

Jedes Erleben, wenn es denn eine wirklich Erfahrung ist, ist von Emotionen begleitet – und es ist möglich, diese bewusst als Gefühle mit den damit verbundenen Vorstellungen wahrzunehmen. Die Seele wird dadurch animiert, wir fühlen uns belebt. Wenn wir zudem in einer empathischen Haltung uns selber gegenüber sind und wir diesen Wahrnehmungen Bedeutung und Raum geben, verstärken wir dadurch unsere gefühlsmäßige Beteiligung: Wir werden noch lebendiger. Diese Erfahrung ist besonders dann bedeutsam, wenn es um die sogenannten gehobenen Emotionen und Gefühle geht, also um Freude, Neugier, Interesse, Hoffnung, Inspiration. Das sind die Gefühle, die nicht nur dem Überleben dienen, sondern dem Wohlbefinden. Gerade diese Gefühle nehmen wir aber oft nur beiläufig wahr – sie signalisieren uns ja keine

Gefahr. Da diese Gefühle aber sehr wichtige Ressourcen sind, uns stabilisieren und dadurch auch hilfreich im Umgang mit belastenden Lebensereignissen und schwierigen gesellschaftlichen Bedingungen sind, ist es wichtig, diese gehobenen Emotionen mehr ins Bewusstsein und ins Lebensgefühl zu holen.

Für Spinoza zum Beispiel ist es die Freude, die die Seele nährt. Baruch Spinoza (1632–1677) hat eine umfassende Lehre von den Affekten vorgelegt, die auf der *laetitia* (Freude)[146] und der *tristitia* (Trauer) aufbaut. Bei ihm ist die Freude, die in etwa den heutigen »gehobenen Emotionen« entspricht, die Emotion, »durch die die Seele zu größerer Vollkommenheit übergeht. Ferner nenne ich den Affekt der Freude, in Beziehung auf Seele und Körper zugleich, Lust oder Heiterkeit, und den Affekt der Trauer […] Schmerz oder Trübsinn.«[147] »Vollkommenheit« erweist sich dann im Folgenden als Harmonie, als Kraft, als die Freiheit zu handeln. Und Spinoza ist der Ansicht, dass die Seele nach diesem Affekt strebt. »Die Seele strebt, so viel sie kann, sich das vorzustellen, was die Wirkungskraft des Körpers vermehrt oder fördert.«[148] Was aber die Wirkungskraft des Körpers fördert, das ist bei ihm die Freude. Vorstellungen, die Freude auslösen, die nähren offenbar die Seele. Die Wirkungskraft des Körpers ist die Lebendigkeit, wir würden heute auch sagen: die Präsenz eines Menschen. Sie bewirkt aber auch seine Ideen und seine Motivation, seine Leidenschaften, sich im Leben zu verwirklichen, etwas zu machen.[149]

Die Seele braucht Zeit für das, was uns freut. Menschen haben einen Hunger nach Belebung, danach, sich animiert und inspiriert zu fühlen, beflügelt zu sein, Mut zu spüren, sich mit anderen Menschen verbunden zu fühlen, Geborgenheit im Leben zu erfahren. Das gelingt über das Zulassen und die Erfahrung der Freude. Die großen Gefühle, die wir eigentlich suchen, sind nicht ständig zugänglich und auch etwas anstrengend; wir brauchen sie auch nicht immer: Kleine Gefühle tun es auch. Gefühle der Freude – bewusst wahrgenommen – beleben und können immer wieder aktiviert werden. Freude erleben wir dann, wenn etwas besser ist als erwartet, schöner, bereichernder. Wenn wir uns freuen, sind wir mit uns einverstanden, aber auch mit den anderen Menschen, mit der Welt, dem Leben. Wir müssen nicht ständig hinter etwas herlaufen, was uns fehlt, es besteht kein Mangel, sondern Überfluss, und daraus wird Solidarität mit anderen Menschen, aber auch Dankbarkeit. Nicht der Mangel wird gesehen, nicht das Klagen aus dem Mangel heraus wird dann erlebt, sondern die Fülle. In der Freude gelingt es uns leicht, in Resonanz zu unserer Innenwelt, aber auch zu der uns umgebenden Welt und den Mitmenschen zu sein. In der Freude sind wir liebevoller, zärtlicher, hoffnungsvoller, mutiger. Es gilt aber auch das Umgekehrte: Lassen wir uns auf uns selber und auf die Welt, wie sie uns gerade erscheint, ein, lassen wir uns betreffen, dann werden wir leicht auch Freude erleben, wenn wir sie wirklich wahrnehmen.

Betrachten wir etwas, das für uns schön ist, nehmen wir uns die Zeit dafür, dann werden verschiedene Gefühle in uns wach, die uns animieren. Hören wir Musik, die uns gefällt, fühlen wir uns belebt. Interessieren wir uns für etwas und verwenden wir mehr Zeit darauf, vermehrt sich auch unser Interesse und wir werden mehr und mehr belebt. Das mögen alles kleine Gefühle sein, die aber aufeinander einwirken und ein lebendiges Gefühlsleben ermöglichen, das mit ermutigenden Vorstellungen einhergeht. Und diese Gefühle sind verbunden mit realen Befriedigungen.

Manchmal wird auch aus der kleinen Freude plötzlich eine große, eine umfassende. Wir machen einen Spaziergang, weil wir uns bewegen wollen – nicht primär, weil wir die Welt betrachten wollen. Und dann stehen wir plötzlich unter einem blühenden Apfelbaum, sind gepackt von der Schönheit dieser Blüten, auch in einer Fülle von Gefühlen und Erinnerungen, die mit Apfelbäumen zu tun haben – und dann gibt es auch kein Denken mehr: Wir sind auf einmal eins mit diesem Baum, eins mit dem Leben als Ganzem – für einen Moment. Aufgehoben in einem wunderbaren Lebensgefühl.

Solche Momente ereignen sich besonders im Umgang mit dem, was uns als schön erscheint.

Sehen wir etwas Schönes, hören wir etwas Schönes – etwas von der Qualität, dass es uns im Moment den Atem nimmt –, dann sind wir ganz bei uns, aber auch ganz in diesem Schönen. Für diesen Moment sind wir im Lot, sind wir verbunden mit Innenwelt und Außenwelt, ohne dies bewusst zu wollen – es ist eigentlich ein mystischer Moment. Da ist keine Frage nach Sinn, weil der Sinn bis in die tiefsten Poren hinein erlebt wird. Es ist das Erleben von Ewigkeit in der Gegenwart. Wir sagen dann paradoxerweise auch: Ich war »ganz weg«, als ich diesen Apfelbaum sah, obwohl ich gerade »ganz da« war. Natürlich kann eine solche Erfahrung nicht hergestellt werden, aber wir können darauf sensibilisiert werden – in unserer Sehnsucht nach dem Schönen, aber auch danach, immer wieder in Resonanz zu diesem Schönen zu stehen. Wir können das Schöne suchen, immer wieder. Und auch das könnte ein Ziel sein: das Schöne im eigenen Leben, in dieser Welt zu vermehren, nicht das Hässliche, wohl wissend, dass das Schöne und das Hässliche zusammengehören.

Aber: Kann man es sich in der heutigen Welt überhaupt leisten, der Seele mehr Zeit zu geben, die Seele überhaupt als ein »Organ« zu betrachten, das der Aufmerksamkeit, der Pflege bedarf, damit die Welt nicht gemütlos wird, damit wir unsere Lebendigkeit, unsere Beziehungsfähigkeit nicht verlieren?

Dazu der Stoßseufzer einer jungen Frau: »Ich gäbe gerne meiner Seele mehr Zeit, ich liebe es, Fantasien zu haben, ich wäre gerne mehr in Resonanz zur Natur und zu den Dingen – dann würde ich sie auch mehr lieben, denke ich. Ich stelle mir auch vor, dass ich, wenn ich beruflich und in der Familie am richtigen Ort angekommen bin, dann auch mehr Zeit für die Seele haben werde. Aber wenn ich mir jetzt vorstelle, so wie für den Sport mir Zeit für die Seele einzuplanen, dann erfasst mich eine Höllenangst: Was werde ich alles verpassen im äußeren Leben? Werde ich dann abgehängt werden? Ich komme doch jetzt schon kaum nach mit allem, was von mir erwartet wird. Könnte ich überhaupt dann noch eine Karriere machen?«

Und sie gibt sich selber die Antwort: »Ich muss es wohl riskieren. Wenn ich unter einem Burnout leide, verpasse ich auch viel. Überhaupt: Man verpasst einfach viel in diesem Leben. Und diese Hetzerei macht einen ganz unkreativ.

Vielleicht kann ich diese Ideen meinen Freundinnen und Freunden schmackhaft machen? Wenn wir es in einer Gruppe gut finden, dann geht das besser.«

Stellen wir uns vor, wir sind alt, vielleicht sogar sehr alt: Was würden wir anders machen, wenn wir noch einmal von vorne beginnen könnten? Wofür würden wir unsere Zeit einsetzen? »Mehr barfuß gehen, die Wiesen, den Schlamm und die Steine spüren.« »Meine Wünsche ernster nehmen – mehr in die Berge gehen.« »Mir Zeit nehmen, die Vögel am Morgen singen zu hören – und manchmal würde ich mich dann mit ihnen in einem gemeinsamen Kosmos erfahren.« So lauten spontane Antworten von Zeitgenossinnen.

Und warum mit der Erfüllung all dieser Wünsche warten?

Noch ist Zeit.

Noch hat man Zeit.

Dank

Dieses Buch ist in weiten Teilen ein inneres Zwiegespräch mit Autoren und Autorinnen, zum Teil schon längst verstorbenen, die sich mit Zeit, mit Imagination, mit Emotion auseinandergesetzt haben. In Resonanz zu ihnen habe ich versucht, mein Anliegen zu formulieren. Ich bin ihnen allen sehr dankbar – für unendlich viel Anregung.

Ich danke allen, die mir erlaubt haben, spontane Äußerungen von ihnen im Buch aufzunehmen.

Verena Kast

Anhang

Anmerkungen

1 Vgl. Weber, Andreas: Enlivenment. Eine Kultur des Lebens. Versuch einer Poetik für das Anthropozän. Matthes & Seitz, Berlin 2016.

2 Vgl. Odell, Jenny: Nichts tun. Die Kunst, sich der Aufmerksamkeitsökonomie zu entziehen. C. H. Beck, München 2021.

3 Jung, C. G.: Gesammelte Werke (GW). Hg. von Lena Hurwitz-Eisner / Lilly Jung-Merker / Marianne Niehus-Jung / Frank Riklin / Elisabeth Rüf / Leonie Zander. Sonderausgabe. Edition C. G. Jung im Patmos Verlag, Ostfildern 2011ff. Hier: GW 9/I, § 56.

4 Vgl. Geißler, Karlheinz A.: Alles hat seine Zeit, nur ich hab keine. Wege in eine neue Zeitkultur. oekom, München 2014.

5 Vgl. Nuber, Ursula: Trauer: Der Preis der Liebe. In: Psychologie Heute, Juni 2012, S. 23.

6 Müller, Felix E.: Die 100-Millionen-Franken-Frage: Wie funktioniert die Wirtschaft? In: NZZ am Sonntag, 22. Juli 2012, S. 31.

7 Vgl. Illouz, Eva: Warum Liebe weh tut. Eine soziologische Erklärung. Suhrkamp, Berlin 2011, S. 113.

8 Ebd., S. 441.

9 Rosa, Hartmut: Weltbeziehungen im Zeitalter der Beschleunigung. Umrisse einer neuen Gesellschaftskritik. Suhrkamp, Frankfurt am Main 2012, S. 306.

10 Vgl. Riedel, Ingrid: Das Leben schmecken. In: Neuen, Christiane / Riedel, Ingrid / Wiedemann, Hans-Georg (Hg.): Sinne – Sinnlichkeit – Sinn. Zur therapeutischen Relevanz der Sinne. Patmos, Düsseldorf 2007, S. 11.

11 Vgl. Kast, Verena: Paare. Wie Beziehungsphantasien unsere Liebe prägen. Neuausgabe. Patmos, Ostfildern 2019.

12 Vgl. dies.: Der Schatten in uns. Die subversive Lebenskraft. Neuausgabe. Patmos, Ostfildern 2021.

13 Buber, Martin: Ich und Du. In: Das dialogische Prinzip. 4. Aufl. Schneider, Heidelberg 1979, S. 15.

14 Vgl. Kast, Paare.

15 Buber, Das dialogische Prinzip, S. 37.

16 Ebd., S. 37.

17 Ebd.

18 Vgl. Kast, Paare, S. 15.

19 In der Neurowissenschaft hat man dafür eine neurobiologische Grundlage gefunden, die sog. Spiegelneuronen. Darüber finden immer noch Diskussionen statt. Sie sind nicht unumstritten. Vgl. Iacoboni, Marco: Woher wir wissen, was andere denken und fühlen. Die neue Wissenschaft der Spiegelneuronen. DVA, München 2008.

20 Spinoza, Benedict de: Die Ethik nach geometrischer Methode dargestellt. Übersetzt von Otto Baensch. Meiner, Hamburg 1963, S. 121.

21 Vgl. Kast, Verena: Imagination. Zugänge zu inneren Ressourcen finden. 2. Aufl. der Neuausgabe. Patmos, Ostfildern 2016.

22 »Daß die Einbildungskraft ein notwendiges Ingredienz der Wahrnehmung selbst sei, daran hat wohl noch kein Psychologe gedacht. Das kommt daher, weil man dieses Vermögen teils nur auf Reproduktionen einschränkte, teils weil man glaubte, die Sinne lieferten uns nicht allein Eindrücke, sondern setzten solche auch sogar zusammen, und brächten Bilder der Gegenstände zuwege, wozu ohne Zweifel außer der Empfänglichkeit der Eindrücke noch etwas mehr, nämlich eine Funktion der Synthesis derselben erfordert wird.« Aus: Kant, Immanuel: Kritik der reinen Vernunft. Einheit des Ich und Kategorien (1781). Nach der ersten und zweiten Original-Ausgabe neu herausgegeben von Raymund Schmidt. 2. Aufl. Meiner, Hamburg 1987, 166a.

23 Damasio, Antonio P.: Selbst ist der Mensch. Körper, Geist und die Entstehung des menschlichen Bewusstseins. Siedler, München 2011, S. 185ff.

24 Ebd., S. 185.

25 Ebd., S. 186.

26 Ebd., S. 188.

27 Ebd. (Hervorhebung im Original.)

28 Busche, Hubertus, in: Höffe, Otfried (Hg.): Aristoteles-Lexikon. Kröner, Stuttgart 2005, S. 442f.

29 Vgl. Aristoteles: Über die Seele. Übersetzt und herausgegeben von Willy Theiler. Rowohlt, Reinbek bei Hamburg 1968, Buch III, 427b, 18–20.

30 Damasio, Antonio R.: Ich fühle also bin ich. Die Entschlüsselung des Bewusstseins. List, München 2000, S. 383. Vgl. auch ders.: Selbst ist der Mensch, S. 124f.

31 Ebd., S. 124f.

32 Vgl. ebd., S. 126.

33 Jung, C. G.: Brief vom 10. 1. 1929 an Dr. Kurt Plachte, in: ders.: Briefe. Erster Band: 1906–1945. Hg. von Aniela Jaffé, in Zusammenarbeit mit Gerhard Adler. Sonderausgabe. Edition C. G. Jung im Patmos Verlag, Ostfildern 2012, S. 86.

34 Vgl. Riedel, Ingrid / Henzler, Christa: Maltherapie. Auf Basis der Analytischen Psychologie C. G. Jungs. Erweiterte Neuausgabe. Patmos, Ostfildern 2016.

35 Jung, C. G.: Erinnerungen, Träume, Gedanken. Aufgezeichnet und herausgegeben von Aniela Jaffé. Korrigierte Sonderausgabe. 22. Aufl. Edition C. G. Jung im Patmos Verlag, Ostfildern 2022.

36 Ebd., S. 198.

37 Izard, Caroll E.: Die Emotionen des Menschen. Eine Einführung in die Grundlagen der Emotionspsychologie. 4., neu ausgestattete Aufl. Beltz, Weinheim 2000.

38 Markowitsch, Hans J.: Dem Gedächtnis auf der Spur. Vom Erinnern und Vergessen. Primus, Darmstadt 2002, S. 83.

39 Vgl. Kast, Verena: Vom Sinn des Ärgers. Anreiz zu Selbstbehauptung und Selbstentfaltung. Neuausgabe. Herder, Freiburg im Breisgau 2014.

40 Damasio: Ich fühle also bin ich, S. 68.

41 Vgl. ebd., S. 68f., S. 384.

42 Vgl. Kast, Verena: Vom Sinn der Angst. Wie Ängste sich festsetzen und wie sie sich verwandeln lassen. 8. Aufl. Herder, Freiburg im Breisgau 2021.

43 Jung, GW 18/I, § 400.

44 Ders., GW 8, § 167.

45 Das Arbeiten mit Imaginationen ist von Jung'scher Seite von

Isabelle Meier wissenschaftlich untersucht worden. Sie konnte nachweisen, dass durch Imaginationen Beziehungsmuster verbessert werden und generell mehr positive Emotionen generiert werden können, was einer Ressourcenaktivierung entspricht. Vgl. Meier, Isabelle: Primärprozess, Emotionen und Beziehungsmuster in Tagträumen. Lang, Bern 2005.

46 Benedetti, Fabrizio: Wundermittel im Kopf. In: Spiegel 26/25.6.2007, S. 137.

47 Schnabel, Ulrich: Placebos. Die Medizin des Glaubens. In: Die Zeit 52/2007, S. 43.

48 Vgl. ebd., S. 43f.

49 Gergen, Kenneth J.: Konstruierte Wirklichkeiten. Eine Hinführung zum sozialen Konstruktivismus. Kohlhammer, Stuttgart 2002.

50 Welzer, Harald: Selbst denken. Eine Anleitung zum Widerstand. S. Fischer, Frankfurt am Main 2013.

51 Jung, GW 8, § 696.

52 Ebd.

53 Vgl. Kast, Verena: Träume. Die geheimnisvolle Sprache des Unbewussten. 9. Aufl. Patmos, Ostfildern 2021, S. 95ff.

54 Vgl. Sools, Anneke / Mooren, Jan Hein: Futuring in Psychotherapie und psychologischer Beratung. Instrument zur Förderung von Resilienz. In: Psychotherapie im Dialog 01/2013, S. 62–71.

55 Ebd., S. 69.

56 Bauer, Joachim: Warum ich fühle, was du fühlst. Intuitive Kommunikation und das Geheimnis der Spiegelneurone. Hoffmann und Campe, Hamburg 2005, S. 82f.

57 Vgl. ebd., S. 84.

58 Vgl. Stern, Daniel N.: Die Lebenserfahrung des Säuglings. Klett-Cotta, Stuttgart 1992, S. 244f.

59 Solms, Marc / Turnbull, Oliver: Das Gehirn und die innere Welt. Neurowissenschaft und Psychoanalyse. Patmos, Düsseldorf 2004, S. 295.

60 Hahn, Ulla: Warum ich Gedichte schreibe. In: Tagesanzeiger, 10.12.2012, S. 25.

61 Jiménez, Juan Ramon: Aus: Falter aus Licht. Gedichte. Ausgewählt und übertragen von Ernst Schönwiese. Limes, Wiesbaden und München 1979, S. 29.

62 Jung, GW 6, § 869.
63 Vgl. Kast, Träume.
64 Jung, GW18/I, § 417.
65 Ders., GW 15, § 118.
66 Vgl. Schwarzenau, Paul: Das göttliche Kind. Der Mythos vom Neubeginn. Kreuz, Stuttgart 1984.
67 Storr, Anthony: C. G. Jung. dtv, München 1974, S. 48.
68 Vgl. Kast, Verena: Sisyphos – Altes loslassen und neue Wege gehen. Neuausgabe. Patmos, Ostfildern 2019; dies.: Der Mythos von Sisyphos: Der andere Blick. In: Lampe, Astrid / Abilgaard, Peer / Ottomeyer, Klaus (Hg.): Mit beiden Augen sehen: Leid und Ressourcen in der Psychotherapie. Klett-Cotta, Stuttgart 2013, S. 216–225.
69 Vgl. Rosa, Hartmut: Neue Verunsicherungen – alte Ängste? Vortrag, gehalten am 14. April 2013 auf den Lindauer Psychotherapiewochen.
70 Furger, Michael: Halt doch nur ein Märchen. In: NZZ am Sonntag, 15. Juli 2012.
71 Dornes, Martin: Die Modernisierung der Seele. Kind – Familie – Gesellschaft. Fischer-TB, Frankfurt am Main 2012, S. 110ff.
72 Simmel, Georg, zitiert nach Dornes, Die Modernisierung der Seele, S. 109.
73 Vgl. Jung, GW 8, § 870; GW 16, § 219.
74 Vgl. Engelhardt, Dietrich von: Begriff und Aspekte der Tiefenpsychologie in historischer Sicht. In: Cierpka, Manfred / Buchheim, Peter (Hg.): Psychodynamische Konzepte. Springer, Berlin, Heidelberg 2001, S. 5–11.
75 Vgl. Benjamin, Walter: Charles Baudelaire. Ein Lyriker im Zeitalter des Hochkapitalismus. In: ders.: Gesammelte Schriften. Bd. 1. Hg. von Rolf Tiedemann und Herrmann Schweppenhäuser. Suhrkamp, Frankfurt am Main 1974, S. 509–690.
76 Widmer, Thomas: Der vermessene Mensch. Digital. Mit Apps protokollieren immer mehr Leute besessen ihre Körperdaten. In: Tages-Anzeiger, 2. Mai 2013, S. 9.
77 Ebd.
78 Vgl. Dornes, Die Modernisierung der Seele, S. 107ff.
79 Vgl. Matt, Peter von: Liebesverrat. Die Treulosen in der Literatur. Hanser, München/Wien 1989, S. 213.

80 Illouz, Eva: Warum Liebe weh tut. Suhrkamp, Berlin 2011, S. 367.
81 Zitiert in: ebd., S. 358.
82 Vgl. ebd., S. 371. Illouz zeigt dieses Problem an der Erfahrung von Liebe: Weil man sich eine ganz klare Vorstellung davon gemacht hat, wie sich Liebe zu zeigen hat, wie der Partner oder die Partnerin zu sein hat, welche Gefühle man in einer richtig guten Liebesbeziehung erleben muss, legt sich eine latente Enttäuschung über die aktuell gelebte Partnerschaft. Sie ist nicht so, wie die Imagination. Das kann dazu führen, dass eine Beziehung in der Fantasie gelebt wird (vgl. S. 368ff.).
83 Vgl. Heidegger, Martin: Sein und Zeit (1927). Max Niemeyer Verlag, Tübingen 1963, § 27.
84 Vgl. Kast, Der Schatten in uns, S. 39ff.
85 Heidegger, Sein und Zeit, § 27.
86 Vgl. Illouz, Warum Liebe weh tut, S. 387ff.
87 Dies.: Gefühle in Zeiten des Kapitalismus. Suhrkamp, Frankfurt am Main 2006, S. 55.
88 Vgl. ebd..
89 Vgl. Jung, GW 5, § 36ff.
90 Vgl. Fonagy, Peter: Bindungstheorie und Psychoanalyse. Klett-Cotta, Stuttgart 2003, S. 41.
91 Vgl. Kast, Verena: Abschied von der Opferrolle. Das eigene Leben leben. Neuausgabe. Herder, Freiburg/Basel/Wien 2019, S. 119; 141ff.
92 Vgl. Kast, Träume, S. 63–97.
93 Vgl. Pieper, Annemarie: Glückssache. Die Kunst, gut zu leben. dtv, München 2004, S. 254.
94 Vgl. ebd., S. 255.
95 Jung, GW 5, § 224.
96 Ders., GW 18/I, § 589.
97 Ders., GW 15, § 127.
98 Vgl. Wikipedia: Ningyo. https://de.wikipedia.org/wiki/Ningyo.
99 Jung, GW 8, § 404.
100 Ders., GW 16, § 396.
101 Vgl. Kast, Verena: Die Tiefenpsychologie nach C. G. Jung. Eine praktische Orientierungshilfe. 7. Aufl. Patmos, Ostfildern 2022.

102 Vgl. Kast, Verena: Konflikte anders sehen. Die eigenen Lebensthemen entdecken. Neuausgabe. Patmos, Ostfildern 2020, S. 30ff.
103 Vgl. Illouz, Warum Liebe weh tut, S. 387ff.
104 Vgl. Rosa, Weltbeziehungen im Zeitalter der Beschleunigung, S. 365.
105 Han, Byung-Chul: Duft der Zeit. Ein philosophischer Essay zur Kunst des Verweilens. Transcript, Bielefeld 2009, S. 13.
106 Vgl. Kast, Verena: Immer wieder neu beginnen. Die kreative Kraft von Hoffnung und Zuversicht. Patmos, Ostfildern 2020, S. 20ff.
107 Vgl. Rosa, Weltbeziehungen im Zeitalter der Beschleunigung, S. 360.
108 Ebd., S. 360.
109 Vgl. Jung, GW 9/I, §§ 489–524.
110 Binswanger, Daniel: Der Feinstoffliche. In: Das Magazin 33, 2012, S. 40.
111 Rosa, Hartmut: Beschleunigung und Depression – Überlegungen zum Zeitverhältnis der Moderne. In: Psyche 65.11, 2011, S. 1051 (Hervorhebung im Original).
112 Ebd., S. 1056.
113 Ehrenberg, Alain: Das erschöpfte Selbst. Depression und Gesellschaft in der Gegenwart. Suhrkamp, Frankfurt am Main 2004, zitiert in: ebd.
114 Geißler, Alles hat seine Zeit, nur ich habe keine, S. 187.
115 Sennett, Richard: Zusammenarbeit. Was unsere Gesellschaft zusammenhält. Hanser, Berlin 2012, S. 260.
116 Vgl. Siegrist, Johannes: Burnout und Arbeitswelt. Vortrag auf den Lindauer Psychotherapiewochen 2012. https://www.lptw.de/archiv/jahr.php?jahr=2012
117 Vgl. ebd., S. 4.
118 Vgl. Pieper, Josef: Muße und Kult. Neuausgabe. Kösel, München 2007, S. 38.
119 Ebd., S. 41.
120 Ebd., S. 42.
121 Ebd., S. 55.
122 Vgl. Rosa, Weltbeziehungen im Zeitalter der Beschleunigung, S. 341.
123 Pascal, Blaise: Über die Religion und über einige andere Gegen-

stände (Pensées). Übertragen und herausgegeben von Ewald Wasmuth. 7. Aufl. Neudruck der 5., vollständig neu bearbeiteten und textlich erweiterten Aufl. von 1954.Schneider, Heidelberg 1972, Fragment 13, S. 75.

124 Vgl. Kast, Verena: Zugang zur Lebendigkeit. Interesse und Langeweile als schöpferische Kräfte. Neuausgabe. Patmos, Ostfildern 2021, S. 159ff.

125 Vgl. Panksepp, Jaak: Affective Neuroscience. The Foundations of Human and Animal Emotions. Oxford University Press, New York / Oxford 1998, S. 144ff.

126 Vgl. Kast, Verena: Trauern. Phasen und Chancen des psychischen Prozesses. Erweiterte Neuausgabe. Kreuz, Freiburg im Breisgau 2013, S. 193f.

127 Ehrenberg, Das erschöpfte Selbst, S. 304.

128 Jung, GW 8, § 772.

129 Ebd.

130 Vgl. Spinoza, Die Ethik nach geometrischer Methode dargestellt, S. 226.

131 Vgl. Riedel, Das Leben schmecken, S. 13.

132 Vgl. Roth, Gerhard: Entscheidungsfindung. Fünftägige Vorlesung bei den 62. Lindauer Psychotherapiewochen 2012 »Alles Intuition – oder wie?« vom 15.–27. April 2012, Vorlesung 5.

133 Vgl. Antonovsky, Aaron: Salutogenese. Zur Entmystifizierung der Gesundheit. dgvt-Verlag, Tübingen 1997, S. 36.

134 Vgl. Erim, Yesim: Antonovskys Konzept der Salutogenese. In: Psychotherapie im Dialog, 01/2013, S. 44–47.

135 Rilke, Rainer Maria: Briefe an einen jungen Dichter. Brief an Franz Xaver Kappus vom 23. 4. 1903, http://www.rilke.de/briefe/230403.htm

136 Vgl. Wörterbuch der Mythologie. Wilhelm Vollmers Wörterbuch der Mythologie aller Völker. Digitale Bibliothek, Bd. 17. CD-ROM. Directmedia, Berlin 1999.

137 Vgl. Jung, GW 15, § 115.

138 Vgl. ders.: Nietzsche's Zarathustra. Notes of the Seminar Given in 1934–1939. Edited by James L. Jarrett. Vol 1. (Bollingen Series XCIX). Princeton University Press, Princeton 1988, S. 653.

139 Vgl. ebd., S. 937.

140 Wolf, Christa: Die Dimensionen des Autors. Luchterhand, München 1987.
141 Vgl. Gidion, Heidi: »Wenn wir aufhören zu wünschen, kommt, was wir fürchten, bestimmt.« Vom Sinn des Schreibens und vom Schreiben über Sinn bei Christa Wolf. In: Pflüger, Peter Michael (Hg.): Die Suche nach Sinn heute. Walter, Olten 1990, S. 229–248.
142 Jung, GW 15, § 127.
143 Ebd., § 130.
144 Ebd.
145 Rosa, Beschleunigung und Depression, S. 1059.
146 Kast, Verena: Freude, Inspiration, Hoffnung. Neuausgabe. Patmos, Ostfildern 2013.
147 Spinoza, Die Ethik nach geometrischer Methode dargestellt, S. 121.
148 Ebd., S. 122.
149 Vgl. ebd., S. 110.

Literatur

Antonovsky, Aaron: Salutogenese. Zur Entmystifizierung der Gesundheit. dgvt-Verlag, Tübingen 1997.

Aristoteles: Über die Seele. Übersetzt und herausgegeben von Willy Theiler. Rowohlt, Reinbek bei Hamburg 1968.

Bauer, Joachim: Warum ich fühle, was du fühlst. Intuitive Kommunikation und das Geheimnis der Spiegelneurone. Hoffmann und Campe, Hamburg 2005.

Benedetti, Fabrizio: Wundermittel im Kopf. In: Spiegel 26/25. 6. 2007.

Benjamin, Walter: Charles Baudelaire. Ein Lyriker im Zeitalter des Hochkapitalismus. In: ders.: Gesammelte Schriften. Bd. 1. Hg. von Rolf Tiedemann und Herrmann Schweppenhäuser. Suhrkamp, Frankfurt am Main 1974, S. 509–690.

Binswanger, Daniel: Der Feinstoffliche. In: Das Magazin 33, 2012.

Buber, Martin: Ich und Du. In: Das dialogische Prinzip. 4. Aufl Schneider, Heidelberg 1979.

Damasio, Antonio R.: Ich fühle also bin ich. Die Entschlüsselung des Bewusstseins. List, München 2000.

Damasio, Antonio R.: Selbst ist der Mensch. Körper, Geist und die Entstehung des menschlichen Bewusstseins. Siedler, München 2011.

Dornes, Martin: Die Modernisierung der Seele. Kind – Familie – Gesellschaft. Fischer-TB, Frankfurt am Main 2012.

Ehrenberg, Alain: Das erschöpfte Selbst. Depression und Gesellschaft in der Gegenwart. Suhrkamp, Frankfurt am Main 2004.

Engelhardt, Dietrich von: Begriff und Aspekte der Tiefenpsychologie in historischer Sicht. In: Cierpka, Manfred / Buchheim, Peter (Hg.): Psychodynamische Konzepte. Springer, Berlin, Heidelberg 2001, S. 5–11.

Erim, Yesim: Antonovskys Konzept der Salutogenese. In: Psychotherapie im Dialog, 01/2013, S. 44–47.

Fonagy, Peter: Bindungstheorie und Psychoanalyse. Klett-Cotta, Stuttgart 2003.

Furger, Michael: Halt doch nur ein Märchen. In: NZZ am Sonntag, 15. Juli 2012.

Geißler, Karlheinz A.: Alles hat seine Zeit, nur ich hab keine. Wege in eine neue Zeitkultur. oekom, München 2014.

Gergen, Kenneth J.: Konstruierte Wirklichkeiten. Eine Hinführung zum sozialen Konstruktivismus. Kohlhammer, Stuttgart 2002.

Gidion, Heidi: »Wenn wir aufhören zu wünschen, kommt, was wir fürchten, bestimmt.« Vom Sinn des Schreibens und vom Schreiben über Sinn bei Christa Wolf. In: Pflüger, Peter Michael (Hg.): Die Suche nach Sinn heute. Walter, Olten 1990, S. 229–248.

Hahn, Ulla: Warum ich Gedichte schreibe. In: Tagesanzeiger, 10. 12. 2012.

Han, Byung-Chul: Duft der Zeit. Ein philosophischer Essay zur Kunst des Verweilens. Transcript, Bielefeld 2009.

Heidegger, Martin: Sein und Zeit (1927). Max Niemeyer Verlag, Tübingen 1963.

Höffe, Otfried (Hg.): Aristoteles-Lexikon. Kröner, Stuttgart 2005.

Iacoboni, Marco: Woher wir wissen, was andere denken und fühlen. Die neue Wissenschaft der Spiegelneuronen. DVA, München 2008.

Illouz, Eva: Warum Liebe weh tut. Eine soziologische Erklärung. Suhrkamp, Berlin 2011.

Izard, Caroll E.: Die Emotionen des Menschen. Eine Einführung in die Grundlagen der Emotionspsychologie. 4., neu ausgestattete Aufl. Beltz, Weinheim 2000.

Jiménez, Juan Ramon: Aus: Falter aus Licht. Gedichte. Ausgewählt und übertragen von Ernst Schönwiese. Limes, Wiesbaden und München 1979.

Jung, C. G.: Briefe. Erster Band: 1906–1945. Hg. von Aniela Jaffé, in Zusammenarbeit mit Gerhard Adler. Sonderausgabe. Edition C. G. Jung im Patmos Verlag, Ostfildern 2012.

Jung, C. G.: Erinnerungen, Träume, Gedanken. Aufgezeichnet und herausgegeben von Aniela Jaffé. Korrigierte Sonderausgabe. 22. Aufl. Edition C. G. Jung im Patmos Verlag, Ostfildern 2022.

Jung, C. G.: Gesammelte Werke (GW). Hg. von Lena Hurwitz-Eisner / Lilly Jung-Merker / Marianne Niehus-Jung / Frank Riklin / Elisabeth Rüf / Leonie Zander. Sonderausgabe. Edition C. G. Jung im Patmos Verlag, Ostfildern 2011ff.

Jung. C. G.: Nietzsche's Zarathustra. Notes of the Seminar Given in 1934–1939. Edited by James L. Jarrett. Vol 1. (Bollingen Series XCIX). Princeton University Press, Princeton 1988.

Kant, Immanuel: Kritik der reinen Vernunft. Einheit des Ich und

Kategorien (1781). Nach der ersten und zweiten Original-Ausgabe neu herausgegeben von Raymund Schmidt. 2. Aufl. Meiner, Hamburg 1987.

Kast, Verena: Abschied von der Opferrolle. Das eigene Leben leben. Neuausgabe. Herder, Freiburg/Basel/Wien 2019.

Kast, Verena: Der Mythos von Sisyphos: Der andere Blick. In: Lampe, Astrid / Abilgaard, Peer / Ottomeyer, Klaus (Hg.): Mit beiden Augen sehen: Leid und Ressourcen in der Psychotherapie. Klett-Cotta, Stuttgart 2013, S. 216–225.

Kast, Verena: Der Schatten in uns. Die subversive Lebenskraft. Neuausgabe. Patmos, Ostfildern 2021.

Kast, Verena: Die Tiefenpsychologie nach C. G. Jung. Eine praktische Orientierungshilfe. 7. Aufl. Patmos, Ostfildern 2022.

Kast, Verena: Freude, Inspiration, Hoffnung. Neuausgabe. Patmos, Ostfildern 2013.

Kast, Verena: Imagination. Zugänge zu inneren Ressourcen finden. 2. Aufl. der Neuausgabe. Patmos, Ostfildern 2016.

Kast, Verena: Immer wieder neu beginnen. Die kreative Kraft von Hoffnung und Zuversicht. Patmos, Ostfildern 2020.

Kast, Verena: Konflikte anders sehen. Die eigenen Lebensthemen entdecken. Neuausgabe. Patmos, Ostfildern 2020.

Kast, Verena: Paare. Wie Beziehungsphantasien unsere Liebe prägen. Neuausgabe. Patmos, Ostfildern 2019.

Kast, Verena: Sisyphos – Altes loslassen und neue Wege gehen. Neuausgabe. Patmos, Ostfildern 2019.

Kast, Verena: Trauern. Phasen und Chancen des psychischen Prozesses. Erweiterte Neuausgabe. Kreuz, Freiburg im Breisgau 2013.

Kast, Verena: Träume. Die geheimnisvolle Sprache des Unbewussten. 9. Aufl. Patmos, Ostfildern 2021.

Kast, Verena: Vom Sinn der Angst. Wie Ängste sich festsetzen und wie sie sich verwandeln lassen. 8. Aufl. Herder, Freiburg im Breisgau 2021.

Kast, Verena: Vom Sinn des Ärgers. Anreiz zu Selbstbehauptung und Selbstentfaltung. Neuausgabe. Herder, Freiburg im Breisgau 2014.

Kast, Verena: Zugang zur Lebendigkeit. Interesse und Langeweile als schöpferische Kräfte. Neuausgabe. Patmos, Ostfildern 2021.

Markowitsch, Hans J.: Dem Gedächtnis auf der Spur. Vom Erinnern und Vergessen. Primus, Darmstadt 2002.

Matt, Peter von: Liebesverrat. Die Treulosen in der Literatur. Hanser, München/Wien 1989.

Meier, Isabelle: Primärprozess, Emotionen und Beziehungsmuster in Tagträumen. Lang, Bern 2005.

Müller, Felix E.: Die 100-Millionen-Franken-Frage: Wie funktioniert die Wirtschaft? In: NZZ am Sonntag, 22. Juli 2012.

Nuber, Ursula: Trauer: Der Preis der Liebe. In: Psychologie Heute, Juni 2012.

Odell, Jenny: Nichts tun. Die Kunst, sich der Aufmerksamkeitsökonomie zu entziehen. C. H. Beck, München 2021.

Panksepp, Jaak: Affective Neuroscience. The Foundations of Human and Animal Emotions. Oxford University Press, New York / Oxford 1998.

Pascal, Blaise: Über die Religion und über einige andere Gegenstände (Pensées). Übertragen und herausgegeben von Ewald Wasmuth. 7. Aufl. Neudruck der 5., vollständig neu bearbeiteten und textlich erweiterten Aufl. von 1954. Schneider, Heidelberg 1972.

Pieper, Annemarie: Glückssache. Die Kunst, gut zu leben. dtv, München 2004.

Pieper, Josef: Muße und Kult. Neuausgabe. Kösel, München 2007.

Riedel, Ingrid / Henzler, Christa: Maltherapie. Auf Basis der Analytischen Psychologie C. G. Jungs. Erweiterte Neuausgabe. Patmos, Ostfildern 2016.

Riedel, Ingrid: Das Leben schmecken. In: Neuen, Christiane / Riedel, Ingrid / Wiedemann, Hans-Georg (Hg.): Sinne – Sinnlichkeit – Sinn. Zur therapeutischen Relevanz der Sinne. Patmos, Düsseldorf 2007.

Rilke, Rainer Maria: Briefe an einen jungen Dichter. Brief an Franz Xaver Kappus vom 23. 4. 1903, http://www.rilke.de/briefe/230403.htm

Rosa, Hartmut: Beschleunigung und Depression – Überlegungen zum Zeitverhältnis der Moderne. In: Psyche 65.11, 2011, S. 1041–1060.

Rosa, Hartmut: Neue Verunsicherungen – alte Ängste? Vortrag, gehalten am 14. April 2013 auf den Lindauer Psychotherapiewochen.

Rosa, Hartmut: Weltbeziehungen im Zeitalter der Beschleunigung. Umrisse einer neuen Gesellschaftskritik. Suhrkamp, Frankfurt am Main 2012.

Roth, Gerhard: Entscheidungsfindung. Fünftägige Vorlesung bei den 62. Lindauer Psychotherapiewochen 2012 »Alles Intuition – oder wie?« vom 15.–27. April 2012, Vorlesung 5.

Schnabel, Ulrich: Placebos. Die Medizin des Glaubens. In: Die Zeit 52/2007.

Schwarzenau, Paul: Das göttliche Kind. Der Mythos vom Neubeginn. Kreuz, Stuttgart 1984.

Sennett, Richard: Zusammenarbeit. Was unsere Gesellschaft zusammenhält. Hanser, Berlin 2012.

Siegrist, Johannes: Burnout und Arbeitswelt. Vortrag auf den Lindauer Psychotherapiewochen 2012. https://www.lptw.de/archiv/jahr.php?jahr=2012

Solms, Marc / Turnbull, Oliver: Das Gehirn und die innere Welt. Neurowissenschaft und Psychoanalyse. Patmos, Düsseldorf 2004.

Sools, Anneke / Mooren, Jan Hein: Futuring in Psychotherapie und psychologischer Beratung. Instrument zur Förderung von Resilienz. In: Psychotherapie im Dialog 01/2013, S. 62–71.

Spinoza, Benedict de: Die Ethik nach geometrischer Methode dargestellt. Übersetzt von Otto Baensch. Meiner, Hamburg 1963.

Stern, Daniel N.: Die Lebenserfahrung des Säuglings. Klett-Cotta, Stuttgart 1992.

Storr, Anthony: C. G. Jung. dtv, München 1974.

Weber, Andreas: Enlivenment. Eine Kultur des Lebens. Versuch einer Poetik für das Anthropozän. Matthes & Seitz, Berlin 2016.

Welzer, Harald: Selbst denken. Eine Anleitung zum Widerstand. S. Fischer, Frankfurt am Main 2013.

Widmer, Thomas: Der vermessene Mensch. Digital. Mit Apps protokollieren immer mehr Leute besessen ihre Körperdaten. In: Tages-Anzeiger, 2. Mai 2013.

Wolf, Christa: Die Dimensionen des Autors. Luchterhand, München 1987.

Wörterbuch der Mythologie. Wilhelm Vollmers Wörterbuch der Mythologie aller Völker. Digitale Bibliothek, Bd. 17. CD-ROM. Directmedia, Berlin 1999.